# **주민**과 함께 하는
# **범죄예방디자인 워크숍**

## CPTED Workshop

**주민**과 함께 하는

**범죄예방디자인 워크숍**

2019년 6월 20일 1판 1쇄 인쇄
2019년 6월 25일 1판 1쇄 발행

저 자 이 경 훈 강 석 진
발 행 인 강 해 작
발 행 처 기 문 당
주 소 서울시 성동구 무학봉28길 4-1
전 화 02) 2295-6171(代)~5
팩 스 02) 2296-8188
출판등록 1976. 10. 7(1-44)
홈페이지 http://기문당
www.kimoondang.com
I S B N 978-89-6225-820-2 93300
정 가 28,000원

지역기반 안전한 환경조성을 위한

# 주민과 함께 하는 범죄예방디자인 워크숍

Crime Prevention Through Environmental Design

# 들어가며

범죄예방디자인(Crime Prevention Through environmental Design)에 대한 사회적 관심이 높아지면서 관련 법제도 정비 및 정책개발에 따라 다양한 시범사업이 시행되고 있습니다. 그러나 범죄예방디자인의 본질에서 벗어난 단순한 환경정비나 경관개선에 국한된 사업들로 인해 지역에 따라서는 범죄예방 효과가 미흡하며 주민들의 불만이 가중되는 문제도 나타났습니다. 이러한 문제의 원인으로 지역에 기반을 둔 맞춤형 범죄예방디자인 적용의 체계적인 방법론이나 참고할만한 사례 및 자료 부족이 지적되고 있습니다.

지역기반 범죄예방디자인이란 주민들이 범죄예방디자인을 이해하고 범죄발생에 취약한 환경개선 사업이나 공동체를 활성화시키는 프로그램에 적극 참여하는 것입니다. 이를 위해 필요한 것이 범죄예방디자인 워크숍이며, 본 매뉴얼은 주민과 함께 하는 범죄예방디자인 방법론이자 지역에 필요한 범죄예방 아이디어 도출을 위한 자료로 사용될 수 있도록 개발되었습니다.

본 매뉴얼의 단계별 워크숍은 저자들이 책임자로 참여했던 각종 연구과제 및 사업에 적용하여 주민들로부터 긍정적인 평가가 높았던 내용들로 구성하였으며, 누구나 쉽게 따라할 수 있도록 전문적인 용어는 배제하고 그림과 사진 위주로 구성하였습니다. 국내에서는 사례가 드문 범죄예방디자인 워크숍이기 때문에 일부 미흡한 부분도 있지만, 본 매뉴얼이 범죄예방디자인에 대한 인식전환과 함께 안전한 환경조성에 조금이나마 기여할 수 있기를 바랍니다.

지역기반 안전한 환경조성을 위한

# 주민과 함께 하는 범죄예방디자인 워크숍

# 01

# 매뉴얼 구성과 활용

매뉴얼 개요

매뉴얼 구성과 사용방법

# 매뉴얼 개요 Summary of Manual

## 매뉴얼의 필요성

일반적인 범죄예방디자인 사업은 전문가 및 실무업체가 제안한 내용(환경개선 방안, 주민활동 등)을 사용자(주민, 공무원 등)들이 선택하는 방식으로 진행되는데, 이러한 방식에만 의존할 경우 주민과 공무원들은 제안된 내용이 어떠한 원리와 방법으로 지역의 범죄를 예방하고 이웃관계를 개선시키는 데 도움이 되는지 이해하기 어렵습니다.

다양한 이해관계자가 모여서 지역의 문제점을 정확히 파악하고, 효과적인 문제 해결방법을 모색하기 위해서는 사용자 모두가 내용을 쉽게 이해하면서도 참여하기 쉬운 워크숍이 필요합니다.

본 매뉴얼은 지역별 환경특성과 주민들의 생활양식, 그리고 범죄발생 패턴이 서로 다름을 인식하고 지역 맞춤형 아이템 도출 및 원활한 사업추진을 위한 범죄예방디자인 워크숍을 목적으로 제작되었습니다. 본 매뉴얼의 주 사용자는 범죄예방디자인 사업을 진행하는 전문가 또는 실무업체이지만, 관심 있는 사람은 누구나 쉽게 이해하고 따라 할 수 있도록 사례 중심으로 내용을 구성하였습니다.

본 매뉴얼에 제시한 내용은 국내·외 범죄예방디자인 사업에서 적용된 핵심적이며 필수 사항들만 정리했기 때문에 매뉴얼에 따라 주민참여 워크숍을 진행할 경우 대상 지역의 환경이나 범죄발생 특성이 반영된 맞춤형 범죄예방디자인 전략을 도출할 수 있습니다.

## 매뉴얼 제작과정

본 매뉴얼은 국내에서 수행된 주요 범죄예방디자인 사업 및 프로젝트에 직접 참여한 저자들의 경험과 다양한 자료 분석을 통해 범죄예방디자인에 적합한 프로세스를 체계화한 뒤, 지역주민의 관심과 참여를 유도할 수 있는 방법으로써 단계별 워크숍 프로그램을 제시하고 있습니다.
아직까지 표준화된 방법과 프로세스가 정립되지 않은 국내 현실에서 본 매뉴얼의 범죄예방디자인 워크숍을 통해 지역기반 주민참여 범죄예방디자인이 정착될 수 있기를 기대합니다.

**범죄예방디자인 관련 사례의 특성 및 주민참여 방법 분석**

국내외에서 진행된 주요 범죄예방디자인 사업 및 프로젝트 특성 분석
각종 환경개선 및 마을만들기 사업에서 적용된 주민참여 방법 분석

**범죄예방디자인 프로세스 및 워크숍 프로그램 연계**

현황분석 ➜ 계획수립 ➜ 환경개선 ➜ 유지관리로 진행되는 프로세스 정립
각 프로세스(단계)에서 주민이 참여할 수 있는 워크숍 프로그램 개발 및 유형화

**실용적인 워크숍 진행방법 및 내용구성**

범죄예방디자인에서 필수적인 커뮤니티 맵핑 워크숍과 디자인 게임 워크숍 개발
워크숍 단계별 준비사항 및 진행방법, 주의사항 제시

**지역기반 안전한 환경조성을 위한**
**주민이 참여하는 범죄예방디자인 워크숍**
MANUAL

## 매뉴얼의 특징

### 범죄예방디자인의 특수성이 반영된 매뉴얼

본 매뉴얼은 범죄예방디자인에 대한 연구와 시범사업의 경험을 토대로 작성되었으며, 일반적인 환경정비 사업과 구별되는 지역기반 범죄예방디자인 사업의 성공적인 수행을 도울 수 있습니다.

### 단순하면서도 구체적인 매뉴얼

본 매뉴얼은 범죄예방디자인에 대한 기본적인 지식을 전달하기 보다는 워크숍 진행을 위해 미리 알고 있으면 도움이 되는 내용 및 자료 위주로 구성되었습니다.

### 우수한 사례의 경험이 반영된 실용적인 매뉴얼

본 매뉴얼은 저자들이 범죄예방디자인 연구 및 프로젝트를 수행한 경험을 바탕으로 현장에서 효과가 검증된 내용들로 구성되었기 때문에 단계별로 쉽게 따라 하면서 지역에 필요한 아이디어를 도출할 수 있습니다.

본 매뉴얼은 일반인들에게 생소한 개념인 범죄예방디자인 개념과 적용원리를 간단하게 소개하고 있습니다. 더 많은 정보와 사례가 필요하면 전문서적을 참고하기 바랍니다.
또한 본 매뉴얼은 범죄예방디자인 사업에 필수적이면서도 짧은 시간에 효과적으로 적용할 수 있는 워크숍 사례를 제시하고 있으며, 사업 및 프로젝트 특성과 지역 상황에 적합하도록 응용하여 워크숍을 진행하는 것이 중요합니다.

## 단계별 워크숍 유형

참여 워크숍 형태의 디자인 게임은 헨리 사노프(Henry Sanoff) 교수가 개발한 것으로 도시설계(Urban Design) 과정을 게임(Game)과 결합하여 정해진 규칙에 따라 주민이 주체가 되어 마을계획 및 개선 시나리오를 작성하는 도구를 의미

국내에서 진행된 각종 마을만들기 및 도시재생 사업과 범죄예방디자인 사업내용을 분석한 결과 주민이 참여하는 워크숍은 **「지역안전지도 만들기(낮은 단계), 역할놀이 및 행태지도 만들기(중간 단계), 디자인 게임(높은 단계)」**으로 구분할 수 있습니다.

지역안전지도 만들기는 현황 파악을 위해 사용되는 방법으로 주민과 공무원, 실무자가 함께 사업 대상지역을 돌아다니면서 범죄로부터 위험하거나 안전한 요인들을 확인하고 지도에 기록하는 것입니다.

역할놀이와 행태지도 만들기, 디자인 게임 등은 마을만들기나 도시재생 사업에서 워크숍의 일환으로 사용되고 있지만, 좋은 사례나 체계적인 방법이 정립되어 있지 않아서 범죄예방디자인 사업에 적용된 사례는 많지 않습니다.

본 매뉴얼은 지금까지 진행된 다양한 워크숍과 교육과정의 특징만을 취합하여 범죄예방디자인 사업에 도움이 되는 내용들로 구성하였습니다.

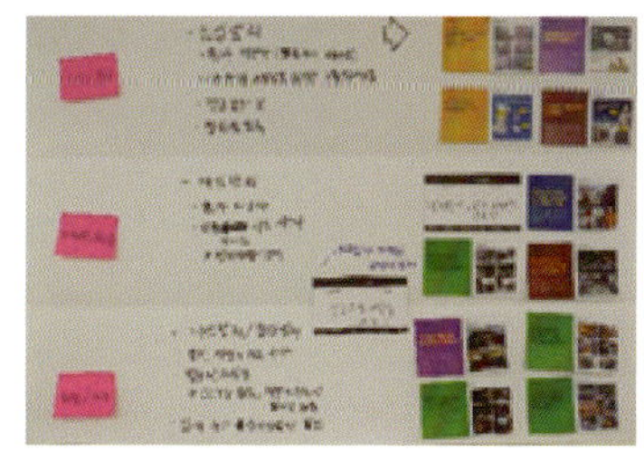

# 매뉴얼 구성과 사용방법 Usage & contents of manual

## 매뉴얼 구성

워크숍은 본 매뉴얼의 목차에 따라 순서대로 진행하는 것이 바람직하지만, 첫 번째 기본교육 과정을 생략할 경우 지역안전지도나 디자인 게임에서 기본교육을 개략적으로 진행할 수도 있습니다.

디자인 게임 워크숍은 커뮤니티 맵핑 워크숍에서 제작된 지역안전지도를 근거로 진행됩니다. 다만, 여건상 지역안전지도 제작이 생략되는 경우 디자인 게임 워크숍에서 지역지도를 펼쳐두고 범죄취약지점을 찾아내면서 아이디어를 제시할 수 있다. 이러한 방법이 가능한 것은 워크숍의 참여주체가 지역상황을 가장 잘 이해하고 있는 주민들이기 때문입니다.

본 매뉴얼은 **「범죄예방디자인, 커뮤니티 맵핑 워크숍, 디자인 게임 워크숍」**으로 구성됩니다.

첫 번째 과정인 **「범죄예방디자인」**은 **이해하기(기본교육) 단계**로써 일반인에게는 생소한 범죄예방디자인에 대한 이해를 높이고 주민참여 워크숍의 필요성을 설명하는 내용으로 구성됩니다.

두 번째 과정인 **「커뮤니티 맵핑 워크숍」**은 **조사하기 단계**로써 범죄예방디자인 사업 관계자들이 대상지역을 함께 돌아보면서 문제점을 찾아내고 지도를 제작하며 토론하는 과정으로 구성됩니다.

세 번째 과정인 **「디자인 게임 워크숍」**은 **계획하기 단계**로써 지역에 대한 이해를 바탕으로 범죄에 쉽게 노출된 사람이나 취약환경의 원인을 규명하고 필요한 대책을 도출하는 과정으로 구성됩니다.

이와 같이 범죄예방디자인 워크숍은 본 매뉴얼에서 제시된 단계별로 진행되지만, 사업내용이나 참여자의 조건에 따라서는 선별적으로 진행될 수 있습니다.

| 범죄예방디자인<br>(이해하기) | 커뮤니티 맵핑 워크숍<br>(조사하기) | 디자인 게임 워크숍<br>(계획하기) |
|---|---|---|
| 범죄예방디자인 개념과 전략을 사례와 함께 설명 | 지역안전지도의 개념, 제작 목적, 활용방법을 사례와 함께 설명 | 디자인 게임의 개념, 목적, 특징을 사례와 함께 설명 |
| 범죄예방디자인에서 주민참여가 필수적인 이유 및 주민참여 활성화 방안으로써 워크숍의 의의와 가치 제시 | 커뮤니티 맵핑 워크숍 단계별 진행방법(준비▶기본교육▶현장조사▶지도제작 및 토론)과 주의사항 제시 | 디자인 게임 워크숍 단계별 진행방법(준비▶기본교육▶마인드 맵과 브레인스토밍▶일상활동 맵▶아이디어 맵)과 주의사항 제시 |

주민이 참여하는 범죄예방디자인 워크숍의 핵심은 **「커뮤니티 맵핑 워크숍과 디자인 게임 워크숍」**이며, 각 워크숍은 **「준비하기▶이해하기▶진행하기」** 과정으로 구성됩니다.

워크숍 담당자(사업 수행기관, 행정기관 등)는 워크숍 과정 및 단계별로 제시된 사례를 참고하여 교육자료와 도구를 준비합니다.

특히 범죄예방디자인 아이디어 카드는 본 매뉴얼의 부록을 잘라서 사용합니다.

| | 커뮤니티 맵핑 워크숍 | 디자인 게임 워크숍 |
|---|---|---|
| **준비하기** | 현장조사 인원(참여자) 파악 및 모둠구성,<br>조사범위가 반영된 배경지도 제작 방법<br>※ 제시된 내용을 바탕으로 워크숍 준비 | 디자인 게임 인원(참여자) 파악 및 모둠구성,<br>워크숍에 필요한 준비물 목록<br>※ 제시된 내용을 바탕으로 워크숍 준비 |
| **이해하기** | 현장조사 및 지도제작 방법과 주의사항을 포함한 교육방법<br>※ 제시된 내용을 바탕으로 교육자료 및 배경지도 준비 | 범죄예방디자인 개념과 디자인 게임 방법, 주의사항을 포함한 교육방법<br>※ 제시된 내용을 바탕으로 교육자료 및 게임도구 준비**(아이디어 카드는 부록 활용)** |
| **진행하기** | 구역 및 모둠별 주야간 현장조사 방법과<br>지역안전지도 제작 및 토론방법<br>※ 제시된 내용을 바탕으로 지도제작 진행 | **마인드 맵과 브레인스토밍** 범죄 및 불안감 개념 정립과 심각성 인식<br>**일상활동 맵과 아이디어 맵** 취약계층의 생활 패턴과 범죄발생의 특성 분석을 근거로 상황에 대응하는 범죄예방디자인 도출<br>※ 토론을 통해서 모둠별 결과 제시 |

# 매뉴얼 구성의 이해 및 사용방법

**기본개념**

단계별 워크숍에서 필수적인 내용과 기본개념을 간단하게 소개

**특성 및 주의사항**

기존 사례에서 확인된 워크숍의 특성 및 진행시 주의사항 안내

**단계별 진행과정**

워크숍 단계별 진행과정 및 주민들의 역할 안내

## 프로그램 소개

진행될 워크숍 프로그램의 개념과 목적을 간단하게 소개

## 워크숍 진행

워크숍 준비사항, 소요시간, 진행방법 안내

## 특성 및 주의사항

워크숍의 특성 및 진행시 주의사항 안내

## 단계별 가이드

워크숍 진행단계별로 따라 할 수 있는 사례의 설명

04

브레인스토밍(Brainstorming)

브레인스토밍은 유형별 범죄특징(발생패턴)을 인식하고 예방대책을 공유하는 단계입니다.

준비사항
대자보용지(4절 스케치북)
메모장
필기도구
포스트 잇

소요시간
40분

진행방법
주제어에 대한 각자의 생각을 메모장에 정리한 뒤 자유롭게 토론하고 포스트 잇에 기록할 내용은 모둠대표가 정리

Process Tip

☞ 브레인스토밍이란 「한 가지 문제를 놓고 여러 사람이 함께 다양한 아이디어를 제시하여 최선의 대안을 도출하는 방법」입니다. 마인드 맵에서는 개인의 생각을 나열하면서 범죄에 대한 일반적인 인식을 공유했다면, 브레인스토밍에서는 주제어에 대한 서로 다른 개인의 생각을 이해하고 제시된 기준에 따라 정리함으로서 유형별 범죄와 예방대책의 특징을 구체화시킬 수 있습니다.

☞ 마인드 맵에서 공유된 범죄 및 불안감, 예방대책에 대한 인식을 기반으로 다음의 순서에 따라 진행합니다.

단계
STEP 1
STEP 2

53 | CPTED Workshop

[브레인스토밍의 4원칙]
1원칙 : 자유로운 분위기 유지
2원칙 : 많은 아이디어 제시
아이디어의 좋고 나쁨의 판단을 하지 않고 질보다 양에 중심
3원칙 : 비판하지 않기
상대방 의견을 존중하고 다른 사람의 아이디어 이어가기
4원칙 : 종합해서 결론내기
아이디어를 종합해서 최선의 대안 도출



54

능곡대림
102
1월 탄생화
수선화
토당동 안전누리길
1월 탄생화 [수선화] 자기사랑, 고결함, 자신감
2월 탄생화
물망초
2월 탄생화 [물망초] 진실한 사랑, 나를 잊지 마세요
3월 탄생화
데이지

# 02
# 범죄예방디자인

범죄예방디자인의 이해
범죄예방디자인 사례
주민참여와 워크숍

# 범죄예방디자인의 이해 Understanding of CPTED

## 범죄예방디자인의 개념

범죄예방디자인 또는 범죄예방설계(Crime Prevention Through Environmental Design, CPTED)는 **'건축환경의 적절한 설계(design)와 효과적인 사용(use)으로 범죄의 두려움과 발생범위를 줄이고 삶의 질을 높이는 기법'** 을 의미합니다.

환경디자인을 통한 범죄예방은 **범죄행위나 범죄심리를 유발하는 환경조건이 존재**한다는 사실에 근거하고 있습니다. 범죄예방디자인은 물리적·사회적으로 취약한 환경을 개선하여 특정 유형의 범죄 및 불안감을 예방하거나 저감시키고 공동체를 활성화시키는 **지역 맞춤형 전략이기 때문에 주민들의 적극적인 참여와 협조가 더해져야 효과**를 높일 수 있습니다.

범죄 발생 장소들을 분석하면 노후건물과 정돈되지 않은 가로시설, 좁고 복잡한 골목길, 주변과 시선연결이 차단된 공간, 방치된 주민공동시설, 부적절한 곳에 위치한 방범시설(CCTV, 비상벨, 방범창 등)이 공통적으로 나타납니다.

이러한 환경에 적용되는 범죄예방디자인 원리 및 전략은 **「감시, 접근통제, 영역성 강화, 명료성 강화, 활용성 증대, 유지관리」** 등으로 구성되며 유형별 범죄 및 불안감의 특성에 따라 필요한 원리나 전략을 적절하게 적용합니다.[a]

a) 이경훈, 강석진(2015), 사례로 이해하는 실무자를 위한 범죄예방디자인, 기문당, pp.29~41 인용 재편집

| 원리 | 내용 |
| --- | --- |
| 감시 | 범죄예방디자인의 기본적인 원리로 주변 시야를 방해하는 요소들이나 잠재적 범죄자가 은신할 수 있는 공간을 제거하여 환경에 대한 자연적인 감시 기능을 높이는 것 |
| 접근통제 | 범죄예방에 가장 효과적인 원리로 부적절한 외부인의 출입을 통제할 수 있도록 공간을 계획하고 대상 환경에 필요한 각종 보안시설을 설치하는 것 |
| 영역성 강화 | 환경에 대한 주인의식(또는 책임의식)과 관계 있는 것으로 사적 공간이나 공적 공간을 명확하게 구분하고 각각의 용도에 맞게 활용하거나 관리하는 것 |
| 명료성 강화 | 공간구조를 쉽게 인식하거나 예측할 수 있도록 환경을 정비하고, 안내시설이나 비상시설(비상벨 등)을 올바르게 사용할 수 있도록 계획하고 설치하는 것 |
| 활용성 강화 | 감시 원리와 밀접한 관계가 있는 것으로 주민들이 자주 모이거나 이용할 수 있도록 공간을 계획하고 필요에 따라 다양한 목적으로 사용될 수 있는 환경을 조성하는 것 |
| 유지관리 | 주민참여 및 영역성 강화 원리와 관계 있는 것으로 주기적인 점검을 통해 노후되었거나 훼손된 환경을 정비하고 안전한 분위기가 지속될 수 있도록 관리하는 것 |

# 범죄예방디자인 사례 Case Study of CPTED

## 국내 사례의 특징

우리나라의 범죄예방디자인은 선진국에 비해 뒤늦게 시작되었지만 최근 들어 각종 법제도와 정책이 시행되면서 중요한 범죄예방 대책으로 빠르게 정착되고 있습니다. 특히 정부부처(행정안전부, 법무부, 교육부 등)와 광역자치단체에서는 다양한 시범사업을 추진중이며, 지역에 따라 범죄예방 효과가 입증되기도 합니다.

시범사업은 일반주거지역을 중심으로 진행되는데, 단독주택, 다세대다가구 주택, 근린생활시설 등이 밀집된 일반주거지역은 공동주택단지와 달리 기반시설이 열악하거나 거주자의 책임 영역이 불분명하여 환경관리가 곤란한 경우가 많습니다.

특히 공간구조가 복잡하면서 노후건물이나 훼손된 시설이 많고, 방범시설이 부족한 경우 또는 이웃관계가 단절되어 지역활동 및 프로그램 참여가 낮거나 무관심한 주민이 많은 경우 범죄발생률과 불안감이 높아질 수 있기 때문에 이러한 지역에서 범죄예방디자인 시범사업이 진행되고 있습니다.

대표적인 시범사업은 2012년 서울시 마포구 염리동에서 진행된 일명 '소금길' 프로젝트입니다. 당시 재개발, 재건축이 예정된 지역들은 공공주도의 전면적인 환경정비의 한계, 열악한 기반시설 등의 문제로 인해서 범죄에 취약한 환경으로 지적되었고 염리동은 재개발이 예정된 대표적인 지역으로 전문가와 행정공무원, 주민이 공동으로 협력하여 지속 가능하면서도 안전한 마을만들기를 목표로 사업이 추진되었습니다.

과거 마포나루에 운반된 소금을 보관하던 창고가 있어 '염리동(鹽里洞)' 이라는 지명이 생긴 것에 착안하여 소금길이라는 BI(Brand Identity) 및 디자인 컨셉을 개발하고, 범죄예방디자인 원리에 따라 골목길 활성화를 위한 운동코스 개발, 방범시설과 안내시설의 시인성 향상, 주민공동 활동을 위한 거점공간 설치 등이 이루어졌습니다.

시범사업 이후 진행된 설문 및 통계조사 결과 범죄발생률 및 불안감은 감소하고 지역 만족도는 높아지는 긍정적인 효과가 나타나면서, 이후 전국 각지에서 유사한 사업과 프로젝트가 확산되고 있습니다.

# 01
## 서울시 시범사업

수행년도 : 2012년
수행기관 : 팀인터페이스 & 샘파트너스
지원기관 : 서울시 디자인정책과

### 마포구 염리동(소금길 프로젝트) 재개발, 재건축 예정지역

- 위치번호, CCTV, 비상벨 설치
- 방범시설 및 위치번호 시인성 향상
- 유휴공간을 활용한 운동시설 설치 및 산책로(1.7km) 조성
- 접근통제를 위한 디자인 펜스 설치
- 영역성 강화를 위한 벽면 및 담장 정비
- 긴급시 도움을 위한 안심주택 및 마을공동체 활동을 위한 거점공간(소금나루) 설치

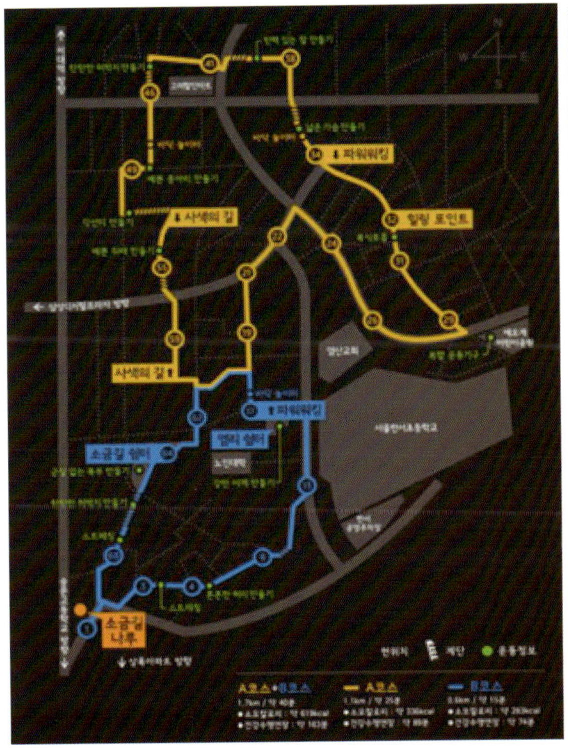

## 02
## 서울시 시범사업

수행년도 : 2013~2014년
수행기관 : 김현선 디자인연구소
지원기관 : 서울시 디자인정책과

### 관악구 행운길, 용산구 소통길, 중랑구 미담길 독신여성, 외국인 거주율 높은 지역, 전통시장 인접 지역

- LED방범등, 반사경, 비상벨, 경광등, 건물 사이공간 출입통제 시설 설치
- 건물 출입문과 필로티 주차장 벽면에 미러·반사시트 부착
- 쓰레기 무단투기 및 일탈행위 예방을 위한 양심거울과 행동규제 픽토그램 설치
- 안심다락방 및 여성안심지킴이집, 안심부스(공중전화) 운영
- 야간 길찾기를 위한 시장 구역별 색채계획과 고보조명, 보안스크린 설치
- 여성들이 즐겨찾는 네일숍, 헤어숍, 카페 등을 연결(안전정보 공유)

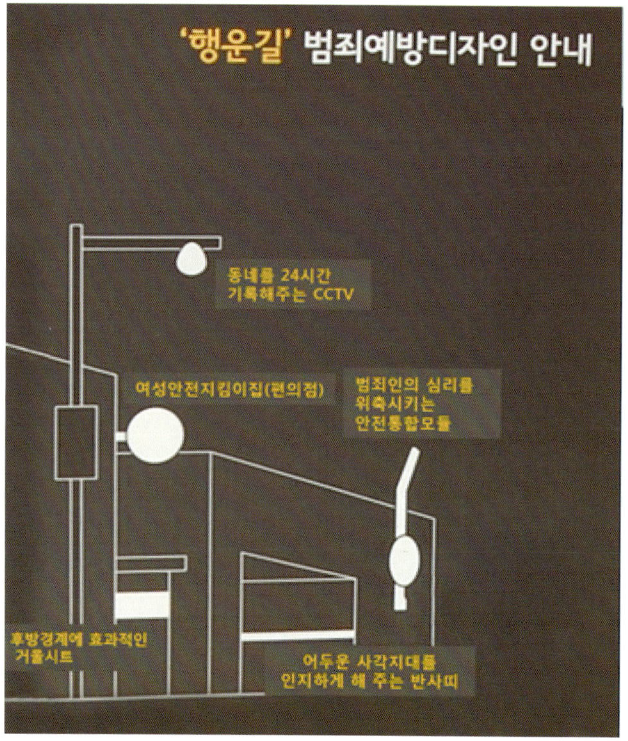

# 03
## 서울시 시범사업

수행년도 : 2015년
수행기관 : 이음파트너스
지원기관 : 서울시 디자인정책과

### 금천구 가산동, 독산동 소공장이 밀집한 주거지역

- 야간 안전(교통, 범죄)을 위한 가로시설 개선
- 건물 사이 복잡한 통행로의 야간 안전을 위한 핸드레일형 조명시설 설치
- 각종 안내사인 설치 및 범죄심리 위축을 위한 방범시설 시인성 향상과 스피커 설치
- 주요공간 CCTV 및 비상벨 설치
- 이웃관계 개선 및 공동체 활동 촉진을 위한 커뮤니티 공간 설치
- 건물 사이공간 출입통제 시설 설치

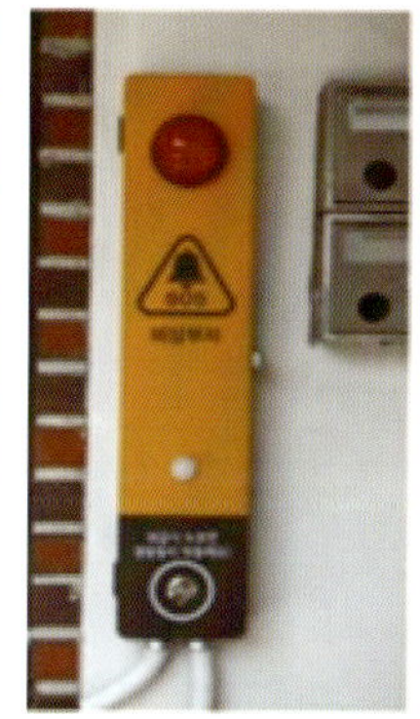

# 04

## 부산시 시범사업

수행년도 : 2013년
수행기관 : 수가이엔씨
지원기관 : 부산디자인센터

### 북구 구포동 경부선역과 도시철도역 사이에 위치한 노후 주거지역

- 각종 안전 및 안내시설물(바닥 안내사인 포함) 설치, 안심길 경로 표시
- 긴급 상황에 대응하는 112 신고위치 표지판 설치
- 마을소식 및 안전정보 제공을 위한 벽면 게시판 설치
- 구부러진 골목길에 반사경 설치
- 보행자 이용이 많은 주요 골목길에 비상벨과 CCTV 설치
- 투시형 담장 및 안심펜스 설치

# 05
## 부산시 시범사업

수행년도 : 2015년
수행기관 : 싸이트플래닝건축사사무소
지원기관 : 부산디자인센터

**진구 범천4동** 낙후도 지수가 높고, 공폐가가 밀집한 산복도로 주거지역

- 각종 안전 및 안내시설물 설치, 안심길 경로 표시
- 긴급 상황에 대응하는 112 신고위치 표지판, 투척식 소화기 설치
- 안전한 경로 및 방범시설 위치안내를 위한 게시판 설치
- 보행/피난공간 확보(마을 공용화장실 제거)
- 공폐가 출입통제 시설 설치
- 주민 휴식과 공동 활동을 위한 커뮤니티 공간 설치

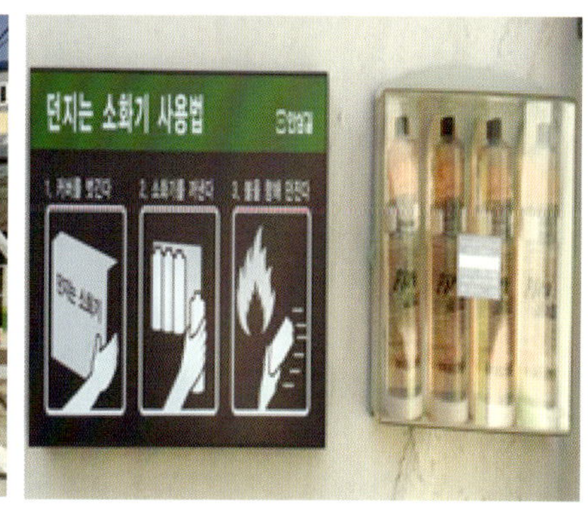

## 06

## 경기도 시범사업

수행년도 : 2015년
수행기관 : 한국셉테드학회
지원기관 : 고양시청

### 고양시 토당동 뉴타운 사업이 취소되고 노후주택과 전통시장이 인접한 주거지역

- 취약지점 CCTV 및 비상벨, 조명시설, 위치번호 설치
- 주정차 금지구간 지정 및 보행자 전용공간 확보
- 주민 휴식과 공동 활동을 위한 커뮤니티 공간(사랑방) 및 운동시설 설치
- 긴급시 도움을 요청할 수 있는 안심상점 설치
- 침입범죄 예방을 위한 투시형 출입문과 가스배관 덮개 설치
- 노후벽면 정비 및 화단조성

# 07
## 법무부 시범사업

수행년도 : 2014년 이후
수행기관 : 건축도시공간연구소(총괄수행)
지원기관 : 법무부 범죄예방정책국

**시범사업 대상지역** 공간구조가 복잡하거나 노후건물이 밀집해 있고 기반시설이 열악한 주거지역

- 취약지점 CCTV 및 비상벨, 조명시설, 반사경 설치
- 위치 및 사업 안내를 위한 시설 설치
- 야간 보행자 안전을 위한 여성 안심 귀갓길 지정
- 침입범죄 예방을 위한 투시형 출입문과 가스배관에 특수형광 물질 도포
- 긴급 상황시 이용 가능한 안심부스 설치(공중전화 활용)
- 노후벽면 정비 및 화단조성

# 주민참여와 워크숍 Citizen-participation and workshop

## 마을만들기와 주민참여

1990년대 지방자치제도가 정착되고 지역문제에 대한 주민의 관심이 높아지면서 주민참여를 통한 지역문제 해결의 중요성 부각

비슷한 시기에 일본의 마을만들기(마치즈쿠리) 사례가 국내에 소개되면서 각종 환경개선 사업에서 주민과 시민단체를 주축으로 하는 한국형 마을만들기 개념이 정착

주민이 스스로 지역의 생활환경을 개선하고 가꾸는 활동을 통해서 살고 싶은 마을로 조성해가는 사례가 많아지는데, 이를 **'커뮤니티 디자인 또는 마을 만들기'** 라고 합니다. 우리나라에서는 1990년대 지방자치제도의 정착과 함께 마을만들기가 확산되었는데, 적극적인 주민참여와 다양한 계층의 요구 수용을 통해 유무형의 환경개선이 이루어지고 있습니다.

여기서 말하는 주민참여란 주민과 행정공무원, 실무업체 등 사업관계자들이 마을만들기에 대한 이해를 바탕으로 서로 소통하면서 유대관계를 형성하고, 지역문제 해결에 필요한 대안들을 함께 제시하는 것을 의미합니다.

이전까지의 환경정비 및 개선사업은 전문가의 역량에만 의존해서 지역문제를 진단하고 제한된 사업조건(비용, 기간, 행정절차 등)에 따라 제시된 대안을 주민설명회나 공람을 거쳐 일부 주민만 동의하는 식으로 진행되었지만, 이러한 방법은 지속성이 떨어져 오히려 주민 불만이 많아지면서 마을만들기 사업의 패러다임은 주민참여를 강조하는 방향으로 변화된 것입니다.

변화된 패러다임에 따라 각종 사업에 대한 주민들의 관심과 참여를 높이기 위해 다양한 교육 및 참여 프로그램이 적용되고 있는데, 그 중 핵심은 주민들이 직접 지역문제를 규명하고 대안을 모색하는 워크숍 프로그램입니다.

## 마을만들기와 워크숍

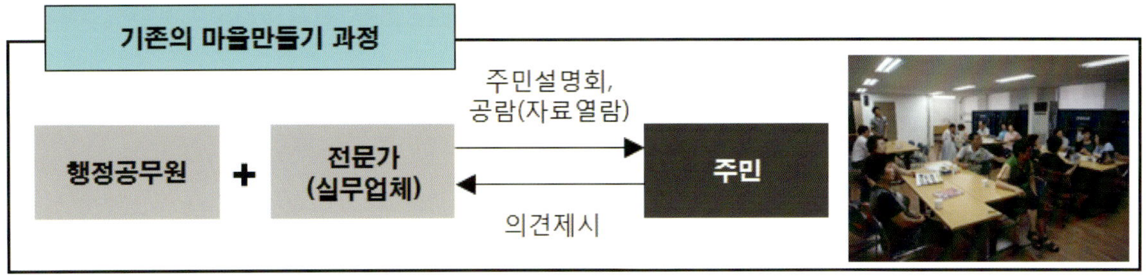


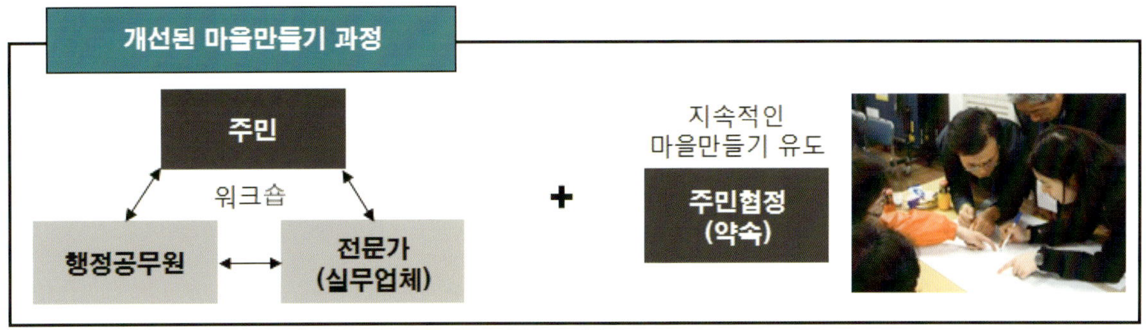


일반적인 워크숍 개념은 특정 주제에 대한 문제 제기와 해결에 이르는 과정을 포함하는 활동을 의미하지만 마을만들기 사업에서는 전문가와 행정공무원, 주민이 함께 모여 문제의식을 공유하고 토론 및 각종 활동을 통해서 대안을 모색하는 것을 의미합니다.

주민은 워크숍의 주체로서 계획수립과 의사를 결정하는 과정에 참여함으로써 마을만들기에 대한 이해도가 높아지며, 주민 의견이 반영된 마을만들기가 이루어짐에 따라 사업이 종료된 이후에도 지속성을 유지할 수 있습니다. 그리고 전문가는 워크숍의 중재자로서 주민이 원하는 것을 파악하고 문제해결을 위한 아이디어와 실현 가능한 대안을 이끌어낼 수 있도록 도와주는 역할을 합니다.

결국 워크숍은 주민참여의 중요한 수단이면서 성공적인 마을만들기를 위한 핵심과정이라 할 수 있습니다.

## 범죄예방디자인과 주민참여

마을만들기에서 주민 참여가 강조되는 것과 마찬가지로 범죄예방디자인에서도 주민의 역할은 매우 중요합니다. 그러나 범죄예방디자인 사업에서 주민의 참여방법과 역할이 아직은 체계적으로 정립되어 있지 않아 기존에 마을 만들기에서 사용된 주민 참여 방법론이 부분적으로 응용되고 있습니다.

지역의 범죄문제 및 환경특성을 가장 잘 알고 있는 주민의 관심과 참여를 유도하지 못하는 경우 전문가나 실무업체 주도로 범죄를 포함한 지역의 문제가 분석됨에 따라 거주자의 생활특성이 반영되지 못한 공간계획, CCTV 중심의 방범시설 설치, 단순한 경관개선(담장, 벽면 도색, 벽화 그리기 등) 같은 제한적 범죄예방디자인 사업만 진행될 수 있습니다.

범죄예방디자인의 핵심은 범죄통계 및 현장조사 분석과 함께 다양한 의견을 수렴하여 범죄에 취약한 환경을 개선하고 주민 스스로 안전한 생활환경을 유지하고 관리할 수 있는 역량을 강화시키는 것입니다.

범죄예방디자인 사업 프로세스

| 현황분석 | 계획수립 | 환경개선 | 유지관리 |
|---|---|---|---|
| 각종 자료 분석과 설문 및 인터뷰, 현장조사결과를 종합하여 범죄 유발요인과 억제요인 규명 | 아이디어 회의 및 주민참여 워크숍을 통해 물리적, 사회적 환경개선을 위한 범죄예방디자인 전략 도출 | 사업기간 및 예산 등을 고려해 실현 가능한 범죄예방디자인 전략들을 선택하고 환경개선 사업을 실행 | 개선된 환경이 안전하게 지속될 수 있도록 주민 스스로 공간과 시설을 관리하고, 사업효과 및 만족도를 평가 |
| **[ 전문가 및 실무업체 ]**<br>▪ 범죄관련 통계 및 설문분석, 현장조사 진행<br>**[ 주민 ]**<br>▪ 전문가와 함께 지역을 돌아보며 안전지도 제작을 통한 범죄 취약환경과 활용 가능한 환경조사 | **[ 전문가 및 실무업체 ]**<br>▪ 현황분석에 기반한 지역의 위험요인 규명과 아이디어 회의 및 워크숍 진행<br>**[ 주민 ]**<br>▪ 범죄예방디자인 워크숍 참여를 통해 유형별 범죄 및 불안감을 감소시킬 수 있는 전략 도출 | **[ 전문가 및 실무업체 ]**<br>▪ 전문가와 주민 아이디어를 종합하여 환경개선 실행(현장공사)<br>**[ 주민 ]**<br>▪ 물리적 환경개선에 필요한 동의 및 현장 작업 참여와 사회적 환경개선에 필요한 커뮤니티 활동 참여 | **[ 전문가 및 실무업체 ]**<br>▪ 사업 전후 주기적인 대상지역 범죄율 및 주민 만족도 조사<br>**[ 주민 ]**<br>▪ 범죄예방디자인의 이해를 바탕으로 개선된 환경의 주기적인 관리와 시설 보수, 모니터링 활동 참여 |

## 범죄예방디자인과 워크숍

범죄예방디자인 사업은 **「현황분석, 계획수립, 환경개선, 유지관리」**의 단계로 진행되는데, 주로 현황분석과 계획수립 단계에서 주민 참여 워크숍 프로그램이 적용됩니다.

**「현황분석」**에서 적용되는 프로그램은 마을 돌아보기를 통해 안전지도를 제작하는 커뮤니티 맵핑 워크숍(Community mapping workshop)으로, 범죄에 취약한 환경조사와 함께 현재는 방치되어 있지만 개선될 경우 향후 이용 가능성이 높은 환경을 찾아내는 것입니다. 이를 통해 주민은 평소에는 주의 깊게 관찰하지 못했던 지역의 특성을 구체적으로 확인할 수 있습니다.

**「계획수립」** 에서 적용되는 프로그램은 디자인 게임 워크숍(Design game workshop)으로, 지역에 대한 이해를 바탕으로 취약한 환경에 필요한 범죄예방디자인 아이디어와 전략을 도출하는 것입니다. 이를 통해 지역에서 가장 많이 발생하거나 위험하게 인식되는 유형별 범죄의 특성을 고려한 맞춤형 대안이 범죄예방디자인 개념 및 원리에 따라 제시될 수 있습니다.

**Community mapping workshop**

- 안전지도의 개념, 제작목적, 활용방법을 사례와 함께 설명
- 주민, 전문가, 행정공무원 등 사업 관계자들이 함께 지정된 경로를 따라서 지역을 돌아보며 환경 특성을 규명

**Design game workshop**

- 디자인 게임의 개념, 목적, 특징을 사례와 함께 설명
- 전문가는 조언자로서 역할을 하며 주민이 주체가 되어 유형별 범죄 및 불안감 발생의 원인을 이해하고 필요한 대책을 제안

# 03

# 커뮤니티 맵핑 워크숍

지역안전지도의 이해
지역안전지도 사례
커뮤니티 맵핑 워크숍

## 지역안전지도의 이해 Understanding of Safety Map

### 안전지도의 개념

범죄는 **「동기를 가진 범죄자와 대상이 되는 잠재적 피해자(또는 물건), 그리고 취약한 환경」**의 3가지 조건이 갖추어졌을 때 발생합니다. 이러한 범죄 기회를 제공하는 공간 및 시설을 제거하거나 개선하기 위해서는 현장 확인이 필수인데, 이때 안전지도를 제작하게 됩니다.

현장조사를 통한 안전지도 만들기(커뮤니티 맵핑)는 통계자료만으로 확인할 수 없는 범죄 취약환경의 특성 규명에도 도움이 됩니다. 따라서 그 지역을 가장 잘 아는 주민과 사업 관계자들이 함께 현장을 돌아보면서 안전지도를 제작하고 토론하는 것은 일상적인 생활환경에 대한 관심을 높여 주민의 범죄위험 예측 능력 향상과 향후 범죄 발생 가능성이 높은 장소에 필요한 맞춤형 대안 제시, 그리고 경찰 또는 자율방범대의 효율적인 순찰경로 지정에도 도움이 됩니다.

일반적으로 지역안전지도 만들기는 **「준비하기 ▶ 기본교육 ▶ 현장조사 ▶ 지도제작 ▶ 주민토론(환경개선 의견제시)」**의 순서에 따라 진행됩니다.

**범죄지도**는 지역의 범죄 현황을 표시한 것으로 정확한 범죄발생 위치와 유형을 확인하는 장점이 있지만 지역에서 발생한 모든 범죄가 기록되는 것은 아니며 일반인은 범죄지도를 이용하기 어려운 단점도 있습니다.

반면에 **안전지도**는 범죄지도에는 표시되지 않는 잠재적으로 위험한 공간이나 주민의 불안감이 높은 공간, 그리고 현재는 방치되었거나 기능이 미흡하지만 개선할 경우 주민들이 자주 이용하고 활성화될 수 있는 지역자원이 표시되는 등 여러 가지 장점이 있습니다.

따라서 안전지도 제작에서는 주민들이 직접 현장을 둘러보며 범죄로부터 위험한 요인과 안전한 요인을 확인하면서 다양한 사람의 의견(인터뷰)을 수렴하여, 환경에 따라 어떤 범죄가 발생할지 예상하고 대안을 모색하는 것이 중요합니다.

지역안전지도 제작 개요

**안전지도 교육**
- 안전지도 개념 및 제작방법 교육
- 주민대표가 교육을 받은 후 이웃주민들에게 재 교육 가능

**조사범위 결정**
- 조사범위는 인터넷 지도를 통해서 확인
- 모둠별로 1~2시간 조사 가능한 범위 설정(주야간)
- 범위가 넓으면 여러 모둠이 조사할 수 있도록 조정

**현장조사**
- 현장조사 지도, 필기도구, 메모장, 카메라 등 준비
- 모둠별로 정해진 구역은 조사하고, 주민 인터뷰 실행
- 모둠별로 조사할 경우 동일한 기준으로 조사해야 함

**안전지도 제작**
- 현장조사 내용을 바탕으로 안전지도 제작
- 지도제작은 매뉴얼 참고

**지도취합 및 분석**
- 모둠별 안전지도를 취합하여 지역특성 분석
- 전문가 자문을 통해 조사내용의 적절성 평가
- 범죄취약 환경개선 사업계획 수립

**준비하기** → **기본교육** → **현장조사** → **지도제작**

- 조사범위 결정
- 참여인원 파악
- 배경지도 출력

- 안전지도 이해
- 위험요인과 안전요인
- 주의사항

- 체크리스트 활용
- 주요 공간 확인
- 주민 인터뷰

- 점, 선, 면 표시
- 내용정리 및 토론
- 환경개선 방향 설정

# 지역안전지도 사례 Case Study of Safety Map

## 현장조사 지도

**특징**

환경개선을 목적으로 주민(또는 학생)들이 직접 현장을 조사하고 제작한 지도로써 조사한 내용(정보)이 가공되지 않고 표시됨

### 학생조사 안전지도

- 초등학생들이 등하교길을 중심으로 위험요인을 규명하기 위해 제작한 지도
- 범위가 좁고, 조사내용을 개략적으로 정리
- 다양한 표현기법을 사용하여 재미있게 정리

### 주민조사 안전지도

- 주민들이 거주지역을 중심으로 범죄예방디자인 사업을 진행하기 위해 제작한 지도
- 범위가 넓고, 조사내용을 자세히 정리
- 점, 선, 면으로 내용을 정확히 정리

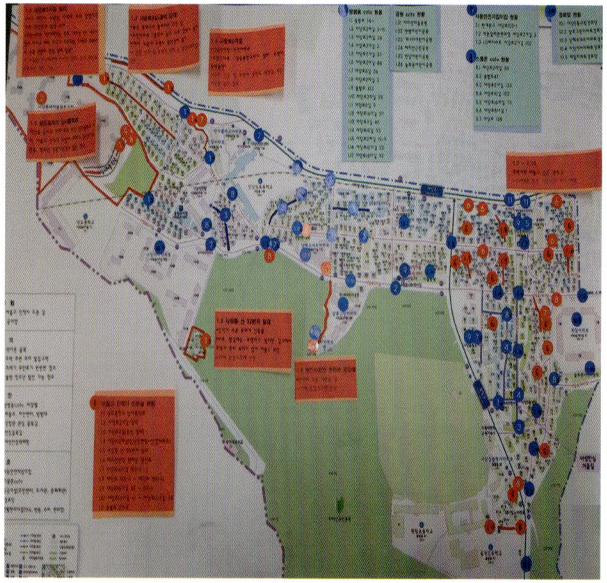

## 정보제공 지도

**특징**
주민에게 정보제공을 목적으로 전문업체에서 조사내용을 가공해 소식지 또는 브로셔 형태로 제작

**앞면 내용** 안전지도 개념, 지도제작 방법, 현장조사 체크리스트 등

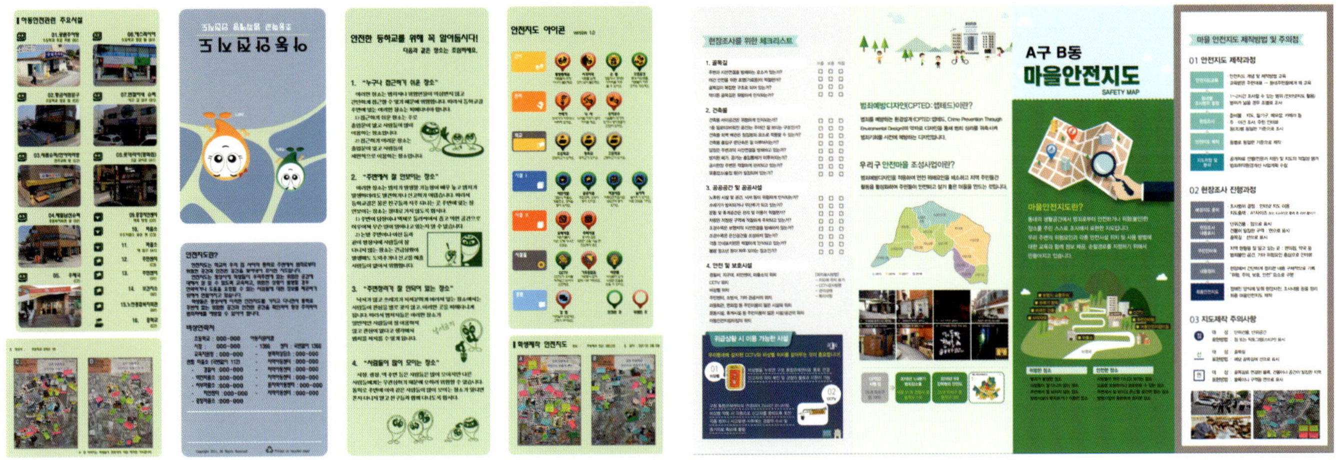


**뒷면 내용** 지역의 안전하고 위험한 위치, 환경특성 등

## 01
## 준비하기

**준비하기**는 조사범위 선정과 모둠 배정, 배경지도 제작, 필기도구 준비 등으로 진행됩니다.

**준비사항**
현장조사 인원(참여자) 파악
모둠 구성
조사범위 선정
배경지도 제작(A1~A2규격)
필기도구

**소요시간**
현장조사 전에 준비

### Process Tip

☞ 마을 돌아보기(현장조사)의 주 목적은 범죄에 취약한 환경이나 활용 가능성은 높지만 방치된 환경을 확인하는 것이기 때문에 적절한 범위 설정이 중요합니다.

☞ 여러 명이 함께 이동하면서 현장을 확인하고 내용을 기록하기 때문에 보통 1~2시간 내외로 조사 가능한 범위를 설정합니다. 단, 범위가 넓을 경우 모둠별로 구역을 나누어 조사합니다.

☞ 배경지도는 포털업체에서 제공하는 지도를 내려받거나 화면 캡쳐 후 그림 파일로 만들어 사용합니다. 자료협조가 가능한 경우 행정기관에서 제공하는 관내 지도를 사용할 수도 있습니다.

☞ A1~A2규격의 지도는 전용 플로터에서 출력되기 때문에 전문업체에 맡겨야 하고, 만약 전용 플로터 출력이 어려운 경우는 일반 프린터로 분할 출력(A4 또는 A3 용지)하여 이어 붙여서 사용합니다.

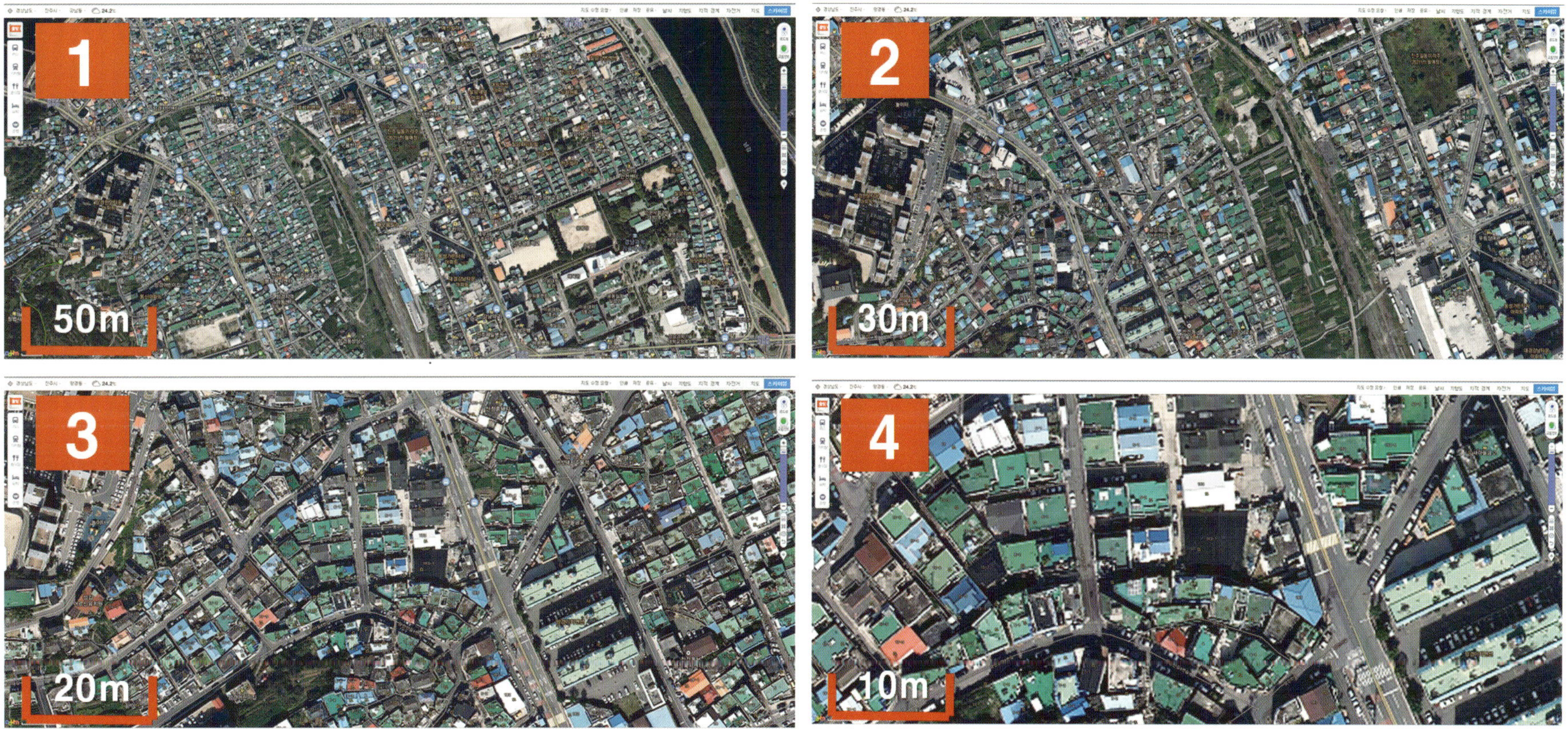


조사범위는 포털업체에서 제공하는 지도를 통해 다양한 축척으로 확인할 수 있습니다.
지도의 왼쪽 하단에 그림과 같은 거리표시(축척)가 나타납니다.
골목길, 주요건물 및 공간 확인, 조사범위 설정 등을 고려할 때 20m 축척의 배경지도 사용을 권장합니다.

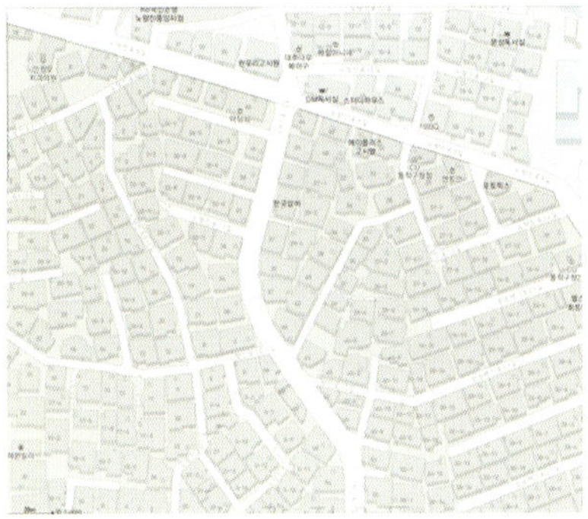

**지번지도**

배경이 무채색이므로 내용기록 용이

**위성지도**

주요시설과 위치 확인 용이

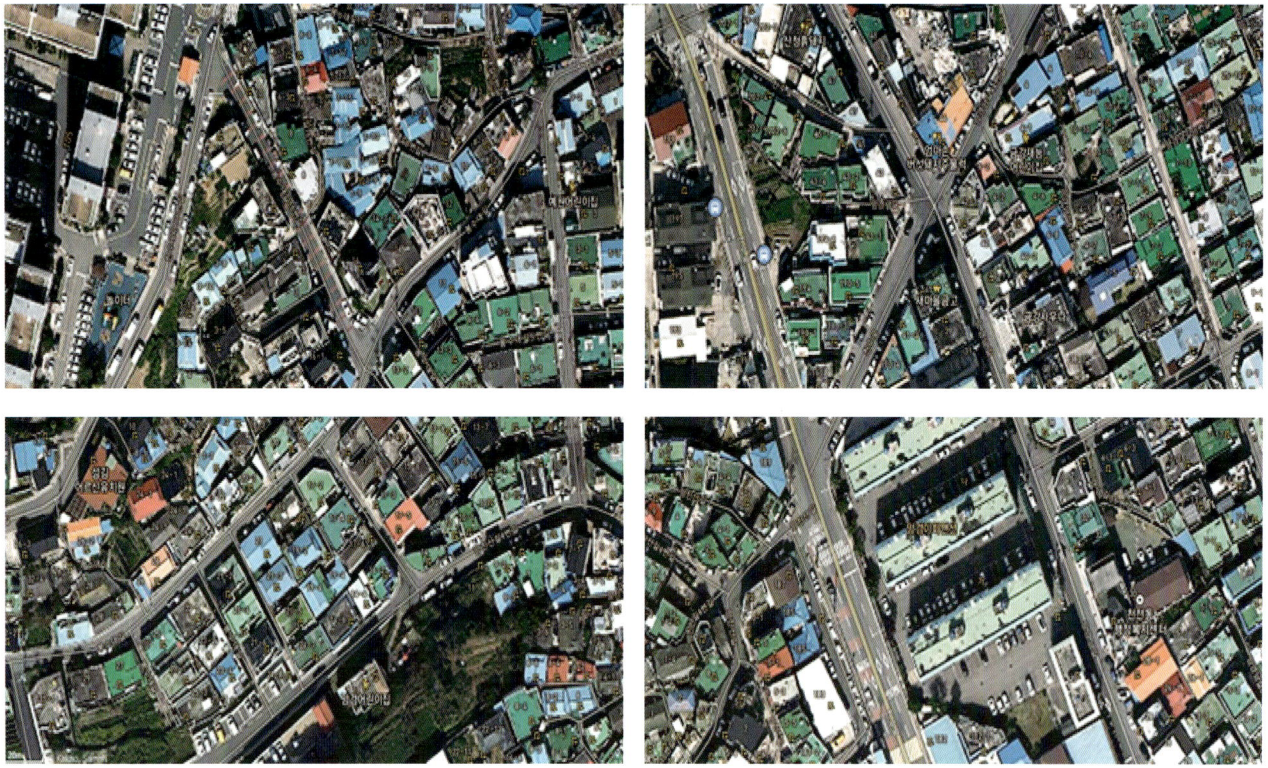

포토샵(Photoshop)을 사용할 경우 「새로 만들기」 옵션에서 「해상도 150(픽셀/인치)」, 「폭 600X900(A1)」 또는 「420X600(A2)」로 설정합니다.

새 창이 나타나면 포털에서 20m 축척으로 확인된 지도를 그림과 같이 분할해서 이어붙이기 합니다.

이어붙이기로 제작된 지도에서 「출발지점, 도착지점, 이동경로」 등을 표시합니다.

완성된 배경지도는 플로터로 출력합니다.
현장조사 편의를 고려하여 출력된 지도 뒷면에 우드락(5T)을 부착합니다.

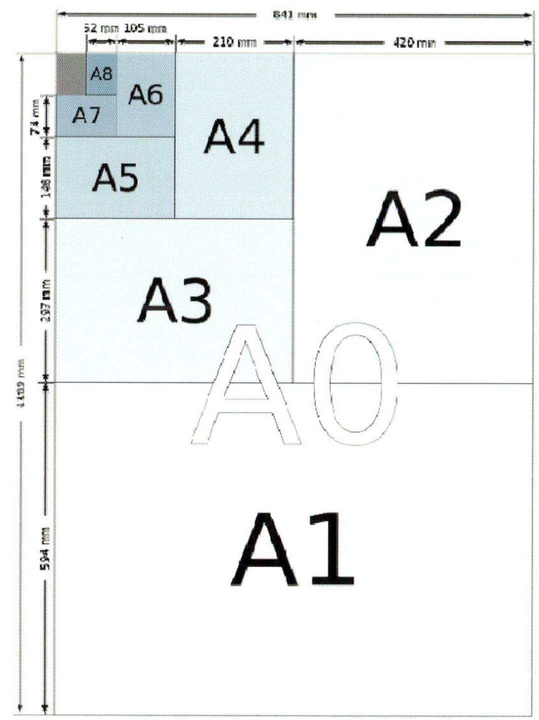

## 02
## 이해하기

**이해하기**는 안전지도의 개념, 지도제작 목적과 방법, 조사범위, 주의사항 등이 포함된 교육자료(파워포인트, 동영상)로 진행됩니다.

**준비사항**
교육자료(PPT, 동영상)
노트북
빔 프로젝터
배경지도

**소요시간**
40분~60분

**진행방법**
전문가 또는 용역업체 담당자가 교육진행

### Process Tip

☞ 참여자의 연령, 교육수준, 관심 정도에 따라 내용에 대한 이해도 및 집중도가 달라지기 때문에 그림과 사례 위주로 교육 자료를 구성합니다.

☞ 안전지도의 개념 및 현장조사 방법은 범죄예방디자인의 개념과 연계시켜 교육자료로 구성할 것을 권장합니다.

☞ 현 단계에서 모둠별로 배경지도를 배포하면 현장조사 이동경로를 사전에 이해하는 데 도움이 됩니다.

☞ 교육이 종료된 이후 모둠별로 현장조사 일정을 정하고, 다 함께 모여서 향후 지도제작과 토론 일정을 결정합니다.

☞ 일부 사례에서 범죄와 관련 없는 민원성 내용을 조사하여 지도에 표시하는 경우도 확인되는데, 안전지도는 범죄예방과 관련된 내용만 기록하도록 주의사항을 미리 전달합니다.

현장조사 이전 교육(이해하기) 단계에서 아래 주의사항을 자세히 설명합니다.

### 주의사항 1_범죄위험 요소

- 사람들이 잘 다니지 않는 좁고 복잡한 골목길
- 주변에서 잘 보이지 않는 건물 사이공간
- 폐쇄적인 공사현장, 재개발·재건축 현장
- 가로등과 방범등 같은 조명이 부족한 공간
- 인적이 드문 곳에 위치한 공지 및 폐가
- 내부를 확인할 수 없는 주차공간(건물 1층 등)
- 주택(담장) 주변 주차 밀집구역
- 주민이용이 적은 휴게, 운동공간
- 주야간 불량청소년 밀집 공간

### 주의사항 2_범죄안전 요소

- 경찰서, 지구대 등 치안시설
- CCTV, 비상벨 등 방범시설
- 주민센터, 소방서, 병원 등 공공시설
- 아동안전지킴이집 등 긴급시 도움요청 공간
- 편의점, 슈퍼, 약국 등 주민이용 많은 생활공간
- 공원, 운동시설 등 주민이용 많은 여가공간
- 개발될 경우 주민이용 가능성이 높은 공간

### 주의사항 3_조사내용 표현

| | |
| --- | --- |
| 점 ● | ▪ 대상 : 건물, 공간, 시설<br>▪ 표현 : 해당 지점에 점으로 표시 |
| 선 — | ▪ 대상 : 골목길, 경사로<br>▪ 표현 : 해당 길과 경로에 선으로 표시 |
| 면 □ | ▪ 대상 : 골목길로 연결되는 구역, 건물이나 공간이 밀집한 구역<br>▪ 표현 : 구역을 선으로 연결한 면으로 표시 |

## 03
## 조사하기

**조사하기**는 모둠별로 배정된 구역에서 범죄에 취약한 요소와 안전한 요소, 활용 가능성이 높은 지역자원 확인 과정으로 진행됩니다.

**준비사항**
배경지도
메모장(또는 포스트잇)
필기도구
카메라(휴대폰 가능)

**소요시간**
상황에 따라 가변적이지만
주야간 각각 60분 내외 권장

**진행방법**
모둠별로 지도에 표기된 경로를 따라서 이동하며 조사(주간, 야간)

### Process Tip

☞ 현장조사 내용은 **「점, 선, 면」**으로 표시하고 메모장 또는 포스트잇에 간단하게 기록합니다.
(점 : 단위공간, 단위건물, 단위시설, 선 : 골목길과 경사로, 면 : 여러 건물이나 공간이 밀집한 구역)

☞ **주간조사**에서는 위험요소와 함께 CCTV나 비상벨 같은 안전시설 위치, 현재는 방치되었거나 활성화되지 않았지만 향후 개발될 경우 활용 가능성(주민 이용 가능성)이 높은 공간 및 시설을 확인합니다.

☞ **야간조사**에서는 조명(가로등)의 적절성(위치, 밝기, 오작동 여부 등), 주변과 시선연결이 곤란한 사각지대, 인적이 드문 공간, 기타 범죄의 불안감을 조성하는 요소 위주로 확인합니다.

☞ 막연하게 **「위험 또는 불안」**이라는 표현보다는 **「대물범죄, 대인범죄, 침입범죄, 노상범죄」**와 같이 구체적인 범죄 또는 불안요인을 기록합니다. 또한 주민 인터뷰 내용을 정리하고, 현장조사에서 확인된 중요한 공간 및 시설은 사진 촬영을 권장합니다.

☞ 모둠별로 동일한 기준으로 조사하기 위해서는 공통된 체크리스트 활용을 권장합니다.

이동경로 확인

조사내용 기록

주민 인터뷰

야간 현장조사

## 04 제작하기

**제작하기**는 현장조사에서 확인된 사항들을 자세히 정리하고 모둠별로 조사한 내용을 공유 및 토론하는 과정으로 진행됩니다.

**준비사항**
배경지도
메모장(포스트잇)
필기도구

**소요시간**
60분~90분

**진행방법**
전문가 또는 용역업체 담당자가 진행

### Process Tip

☞ 모둠별로 현장조사가 끝나고 지정된 장소에 모여서 지도를 제작합니다.

☞ 모둠별 토론을 통해 구체적인 내용을 지도에 기록하는 것이 중요하기 때문에 모두 한방향으로 하는 자리배치보다는 참여자들이 서로 마주보고 모여 앉는 형태로 자리를 배치합니다.

☞ 현장조사에서 누락되었거나 미흡한 내용을 정리해서 준비된 배경지도에 기록합니다. 내용 기록과 함께 해당지점에 현장사진 붙이기를 권장합니다.

☞ 개인별로 조사한 내용에 대해서 의견을 교환하고 범죄로부터 위험한 환경을 개선할 수 있는 방안이나 유휴공간 및 시설을 활성화시킬 수 있는 방안 등을 논의합니다.

☞ 지도제작(내용 정리)이 완료되면 모둠별로 조사한 내용을 발표하고 토론합니다.

☞ 지도를 제작하는 과정에서 주민들이 제안한 의견은 환경을 개선하는 근거가 되며, 범죄예방디자인 아이디어 개발을 위한 기초자료나 경찰 및 자율방범대의 효율적인 순찰경로 지정에도 사용될 수 있습니다.

## 조사내용 논의

## 위험요인과 안전요인 확인

## 주요내용 기록

## 조사내용 발표

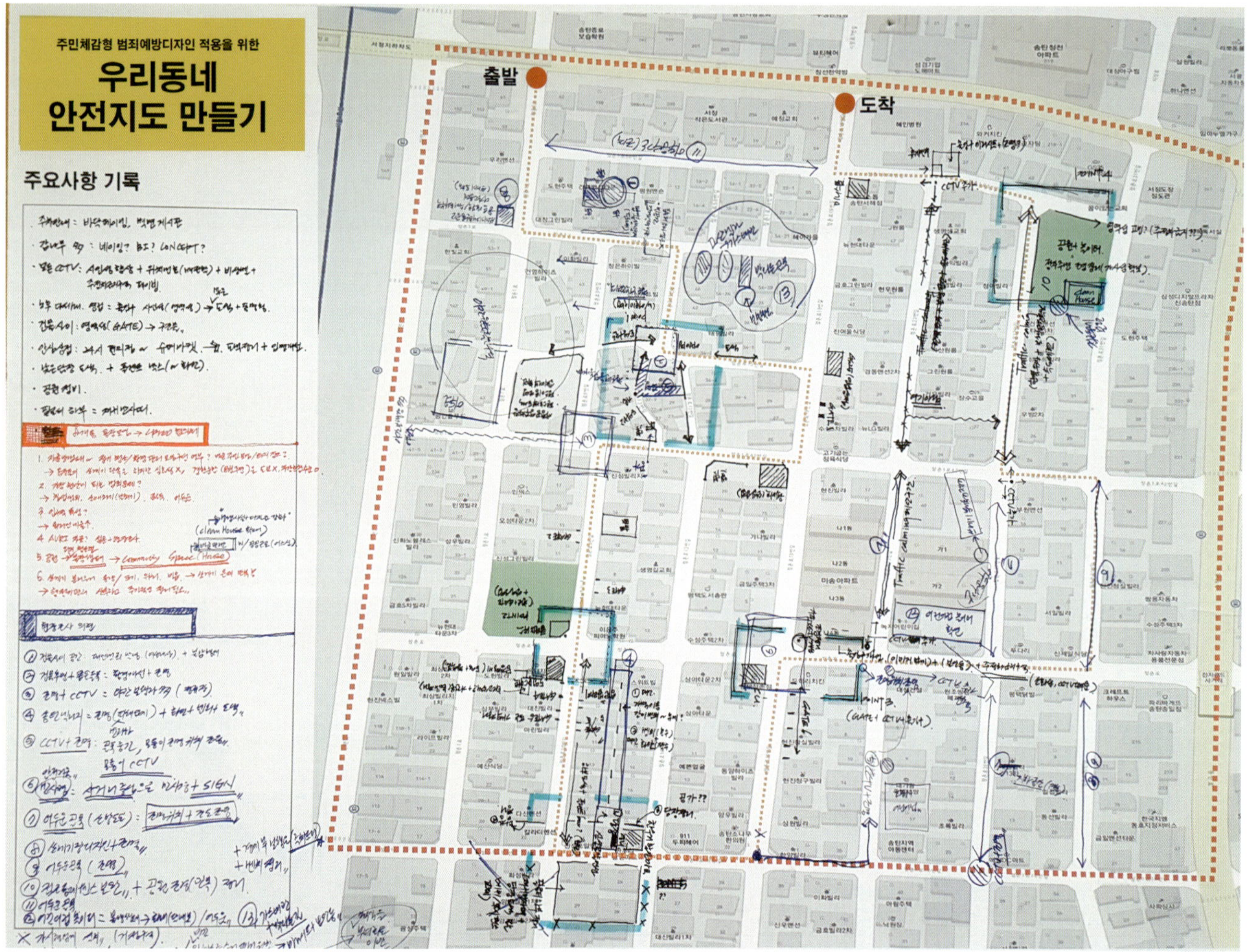


주민이 제작한 안전지도 사례

### 연구진(전문가) 의견

주차안내: 바닥 페이빙, 벽면 게시판
보호수, 역사: 네이밍, 스토리텔링에 활용
모든 CCTV: 시인성 향상+위치번호+비상벨
노후주택: 출입구 시인성, 영역성 강화를 위한 구조물 또는 도색(주소표지판 응용)
건물 사이: 출입문 설치
안심 상점: 편의점, 슈퍼마켓
낮은 담장: 도색, 플랜트 박스
필로티 하부: 재귀반사띠 부착

### 현장조사 참여 주민(대표자) 의견

주민활동: 청소, 지율방범대 실효성 없음
심각한 범죄: 침입범죄, 소매치기, 불안감
외지인 유입비율 증가
공원: 청소년 일탈행위
쓰레기 분리수거대: 크기, 디자인 개선

### 주민 인터뷰 의견

건물 사이 공간: 침입범죄, 대인범죄 문제
건물 후면, 좁은골목: 조명 필요
주택밀집구역: 반지하에 피해 없는 조명, 화단 및 벤치 설치
CCTV: 많이 설치(교차점 중심)
놀이터: 청소년 일탈행위, 화재위험
가스배관: 침입범죄 문제

주민체감형 범죄예방디자인 적용을 위한 **우리동네 안전지도 만들기**

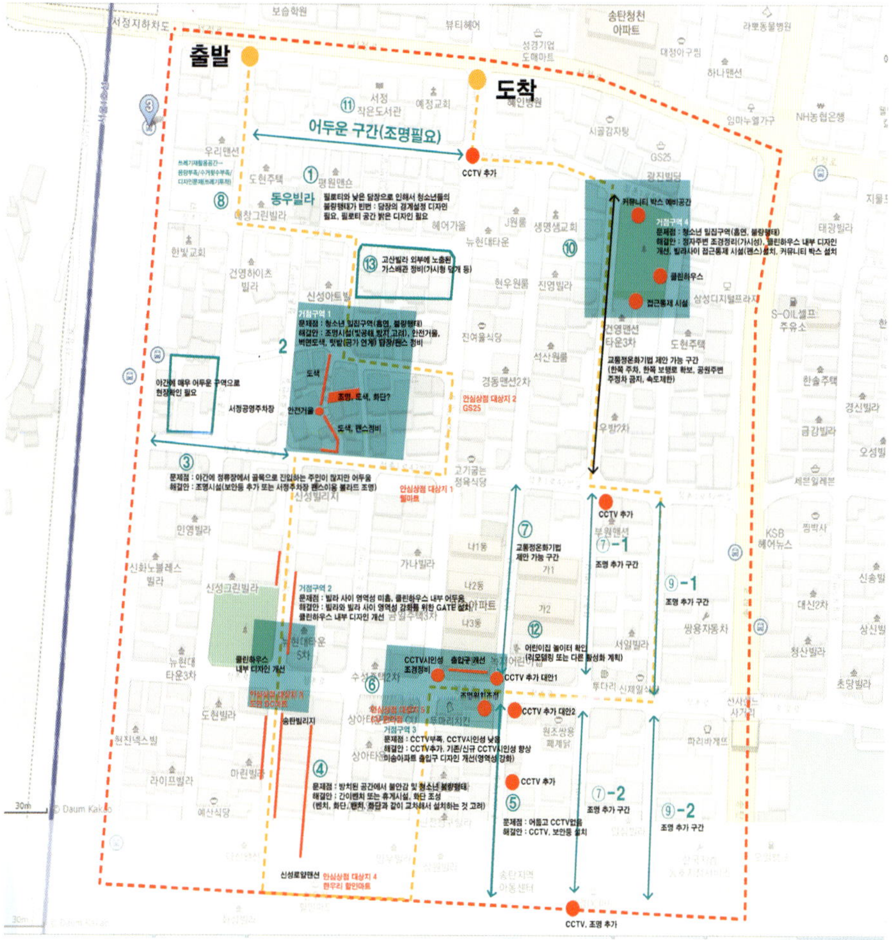


전문가가 감수(가공)한 안전지도 사례

LAPS
TEAM CPTED

# 04 디자인 게임 워크숍

디자인 게임의 이해
디자인 게임 사례
디자인 게임 워크숍

# 디자인 게임의 이해 Understanding of Design Game

## 디자인 게임의 개념

주민이 참여하는 디자인 게임은 정해진 규칙에 따라 주민이 주체가 되어 마을 계획 및 개선 시나리오를 작성하는데 사용되는 방법입니다. 디자인 게임은 참여자들이 규칙을 잘 이해하고 게임 도구가 적절하게 준비된다면 남녀노소 관계없이 관심과 참여를 가장 적극적으로 유도할 수 있는 장점이 있습니다. 다만, 국내에서는 전문가가 부족하고 워크숍 준비 및 진행과정에 많은 시간과 노력이 필요하므로 자주 사용되지 못하는 한계가 있습니다.

범죄예방디자인 사업에서의 디자인 게임 워크숍은 두 가지 방법으로 진행할 수 있습니다.
첫 번째 방법은 커뮤니티 맵핑 워크숍이 종료된 이후 지역안전지도를 근거로 사업지역에 필요한 환경개선 방법을 범죄예방디자인 원리에 따라 제안하는 것입니다. 이러한 방법은 주민이 직접 마을을 돌아보고 충분히 의견을 나눈 이후 진행되기 때문에 디자인 게임 워크숍 소요시간이 단축되며, 취약한 환경유형별 범죄예방디자인 전략 도출에 유리합니다.
두 번째 방법은 커뮤니티 맵핑 워크숍과 상관없이 일상에서 인식되는 범죄발생 및 불안감에 대한 토론과 범죄 취약계층의 생활패턴 예측을 통한 범죄예방디자인 아이디어 공유 및 제안 과정으로 진행됩니다.

따라서 디자인 게임 워크숍에 참여하는 주민과 사업의 특성 등을 종합적으로 고려하여 두 가지 방법 중 적절한 것을 선택하여 사용할 것을 권장합니다.

일반적인 범죄예방디자인 사업의 워크숍은 사업내용 소개 또는 범죄예방 대책에 대한 주민 선호도 조사입니다. 이러한 방식은 전문가 주도로 진행되기 때문에 제시된 범죄예방 대책의 특징과 효과에 대한 주민의 이해나 동의를 구하는데 한계가 있습니다.
그러나 디자인 게임을 활용한 주민참여 워크숍은 지역 주민이나 가상의 인물을 범죄피해 대상으로 설정하여 일상생활에서 예측되는 범죄피해 또는 불안감의 원인을 규명하고, 범죄예방디자인 개념과 원리에 따라 대책(범죄예방 아이디어)을 도출하는 과정으로 진행되기 때문에 사업에 대한 이해를 높이는 장점이 있습니다.
또한 주민이 제안한 대책은 전문가의 감수 및 업체의 디자인 작업을 거쳐 범죄발생에 취약한 환경 개선을 위한 실질적인 범죄예방 대책으로 개발되기 때문에 각각의 대책에 대한 주민동의가 쉬우며, 사업이 종료된 이후에도 개선된 환경(공간 및 시설)을 지속적으로 유지관리하는데 도움이 됩니다.

**이해하기**

- 범죄예방디자인 개념
- 워크숍 방법 및 목적
- 주의사항

**마인드 맵 브레인스토밍**

- 범죄 및 불안감 이해
- 유형별 범죄의 특성
- 범죄불안감의 특성

**일상활동 맵**

- 취약계층의 생활패턴
- 시간, 장소별 특징
- 예상되는 피해유형

**아이디어 맵**

- 예상되는 피해유형 및 취약환경에 필요한 범죄예방디자인 전략도출

# 디자인 게임 사례 Case Study of Design Game

## 레고블록을 이용한 디자인 게임

**특징**

일반인들에게(특히 학생) 친숙한 레고 이용
블록의 특성상 다양한 조합과 수정 가능
사용자의 생각을 쉽고 자유롭게 구현 가능

### 초등학교 교실 개선을 위한 워크숍 사례

**목적** : 일부 초등학교의 다목적 교실이 학생들의 활동패턴 및 교육과정을 고려하지 않고 획일적으로 계획된 문제점 개선

**방법** : 교사와 학생으로 구성된 모둠별로 레고블록을 제공하고, 교실 규모에 따라 가구배치, 학습 및 휴게공간 계획, 수납공간 계획, 창문계획 등을 진행

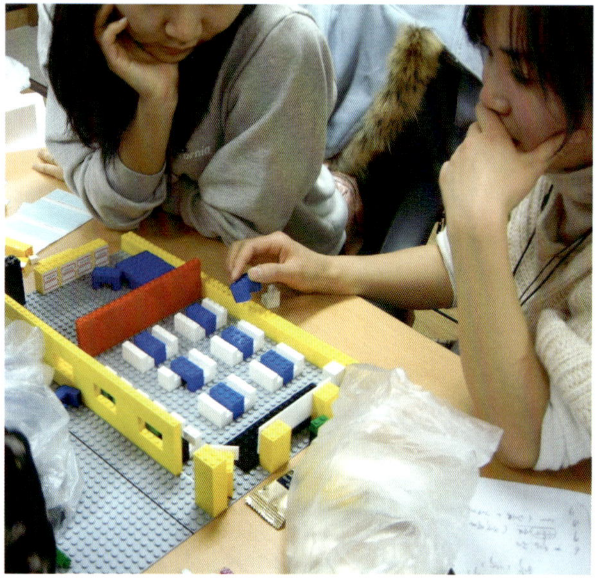

## 도면을 이용한 디자인 게임

### 특징

지역현황이 나타난 배경지도 이용
참여자의 다양한 의견 정리가 용이
의견을 즉시 반영하여 환경개선 방향 결정

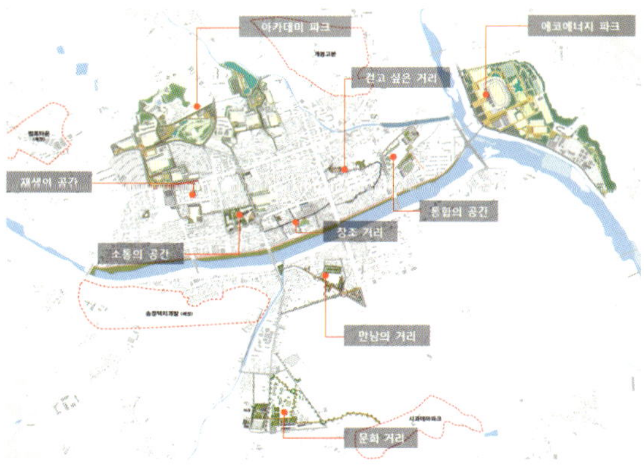


### 지방중소도시 공공공간 정비를 위한 워크숍 사례

**목적** : 정체성 없이 조성되어 오히려 주민에게 불편함을 가중시키는 공공공간(가로, 건물)의 문제점을 규명하고 지역 정체성과 주민(사용자) 생활의견을 반영한 개선방안 모색

**방법** : 주민과 공무원, 건축전문가로 구성된 모둠별로 배경지도를 제공하고, 지역문제에 대한 참여자들의 의견을 정리하여 건축전문가가 도면에 즉시 개선방안을 정리

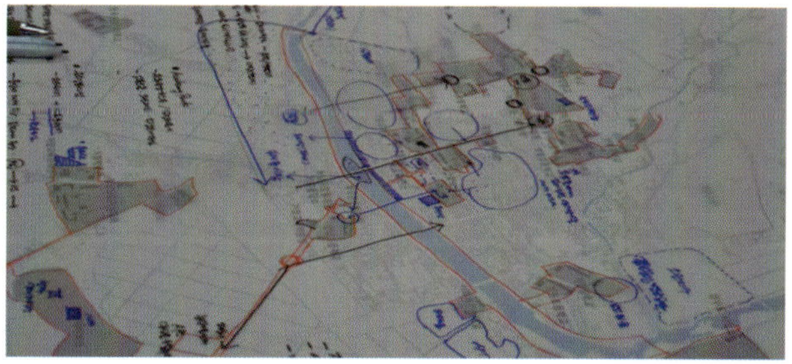

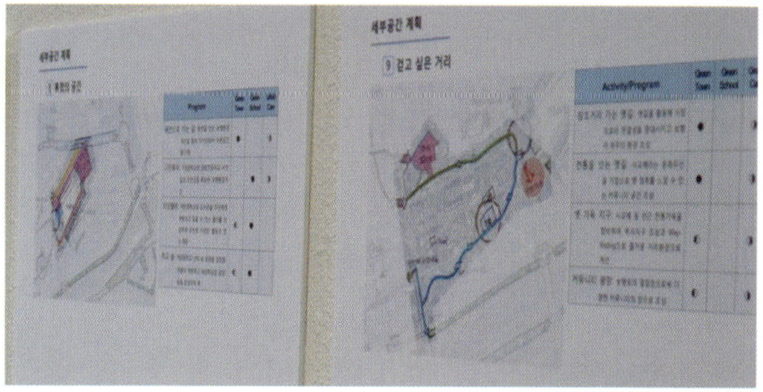

# 디자인 게임 워크숍 Design Game Workshop

## 01 준비하기

**준비하기**는 디자인 게임 워크숍을 위한 모둠 배정, 모둠별 워크숍 도구(범죄예방디자인 아이디어 카드, 필기도구 등) 준비로 진행됩니다.

**준비사항**

워크숍 인원(참여자) 파악
- 5명 내외로 1개 모둠 구성 권장

워크숍 장소
- 모둠별로 활동과 토론이 가능한 장소

워크숍 도구(모둠별)
- 대자보 용지(전지) 4장
 (또는 4절 스케치북 1권)
- CPTED 아이디어 카드 1세트
- 포스트잇, 필기도구
- 노트북, 빔 프로젝터, 화이트보드

**소요시간**

워크숍 전에 준비

### Process Tip

☞ 디자인 게임 워크숍의 목적은 커뮤니티 맵핑 워크숍을 통해 확인된 범죄 취약환경에 필요한 범죄예방디자인 아이디어를 제안하거나, 토론을 통해 지역에서 심각한 범죄 및 불안감을 유발하는 원인을 규명하고 범죄에 취약한 대상(사람, 사물)에 필요한 범죄예방디자인 아이디어를 제안하는 것입니다.

☞ 디자인 게임 워크숍은 「이해하기(기본교육)▶마인드 맵 제작과 브레인스토밍(범죄문제의 심각성 인식)▶일상활동 맵 제작(범죄에 취약한 대상의 특성 이해)▶아디이어 맵 제작(유형별 범죄예방을 위한 대안 제시)」의 순서로 진행됩니다.

☞ 디자인 게임 워크숍은 범죄에 취약한 환경이나 계층(사람)을 설정하여 예상되는 문제의 심각성을 공유하고 필요한 대책을 논의하는 방식으로 진행되기 때문에 많은 시간이 소요될 수 있으므로 모둠별로 적절한 인원배분과 진행자의 시간조절이 중요합니다.

워크숍 장소 세팅

모듬별 제공될 워크숍 자료

범죄예방디자인 아이디어 카드

내용정리 및 발표를 위한 화이트보드(벽면)

## 02
## 이해하기

**이해하기**는 범죄예방디자인의 개념, 디자인 게임 워크숍 목적과 방법, 주의사항 등이 포함된 교육자료(파워포인트, 동영상)로 진행됩니다.

**준비사항**
교육자료(PPT, 동영상)
노트북
빔 프로젝터

**소요시간**
30분~40분

**진행방법**
총괄책임자 : 교육 및 워크숍 진행
모둠별 담당자 : 워크숍 보조

### Process Tip

☞ 참여자의 연령, 교육수준, 관심도에 따라 내용에 대한 이해 및 집중도가 달라짐에 주의합니다.

☞ 범죄예방디자인은 주민에게 낯설고 생소한 개념이며, 특히 디자인 게임 워크숍은 참여자들이 워크숍 진행방법과 규칙을 정확히 이해하는 것이 중요하기 때문에 그림과 사례 위주로 교육자료를 쉽게 구성해야 합니다.

☞ 디자인 게임 워크숍의 효과적인 진행을 위해서는 교육 및 워크숍 총괄 책임자(퍼실리테이터, facilitator)와 함께 모둠별 워크숍 진행 담당자를 배치해야 합니다. 따라서 총괄 책임자와 모둠별 진행 담당자는 본 매뉴얼의 내용을 숙지하고, 전문인력들만 참여하는 시범적인 워크숍 연습을 권장합니다.

☞ 디자인 게임 워크숍에서는 모둠별 활동이 중요하기 때문에 한방향의 자리배치보다는 참여자들이 서로 마주보고 모여 앉을 수 있는 자리배치가 필요합니다.

워크숍 교육(이해하기) 단계에서
아래 주의사항을 간단히 설명한 후 단계별로
자세한 설명을 진행합니다.

**주의사항 1_워크숍 목차(순서)**

| | |
|---|---|
| 마인드 맵 & 브레인스토밍 | ▪ 평소 인식했던 범죄위험 요소와 원인 토론<br>▪ 가장 불안하고 심각한 범죄유형 토론 |
| 일상활동 맵 | ▪ 특정인물(조원, 가상인물) 설정<br>▪ 특정인물의 일상을 시간, 장소별로 토론<br>▪ 시간, 장소별로 위험하고 안전한 요인 토론<br>▪ 범죄자, 피해자의 심리와 행동특성 예측 |
| 아이디어 맵 | ▪ 특정인물과 환경의 안전을 위한 대책 토론<br>▪ 범죄예방디자인 아이디어 카드로 내용 정리 |
| 전체 토론 | ▪ 모둠별 워크숍 결과 발표 및 비교<br>▪ 디자인 게임 워크숍 종합 정리 |

**주의사항 2_교육 및 진행방법**

- 일반인들에게는 범죄예방디자인 개념과 디자인 게임 워크숍이 생소하기 때문에 교육자료를 쉽고 간단하게 구성
- 단계별 워크숍 프로그램은 주민들의 참여를 전제로 구성했기 때문에 내용을 보고 따라 할 수 있도록 교육자료를 구성
- 개인별 의견이 다른 경우 이를 중재하고 해당 내용을 일목요연하게 정리하는 모둠별 주민 대표자(중재자)와 진행 담당자의 역할이 중요

**주의사항 3_워크숍 자료**

- 단계별 워크숍 결과를 대자보 용지 또는 4절 스케치북에 정리할 때 중요한 내용은 색상이 다른 필기도구 또는 포스트잇을 사용
- 워크숍 마지막 단계에서 제안하는 유형별 범죄예방대책은 본 매뉴얼에 부록으로 첨부된 범죄예방디자인 아이디어 카드를 잘라서 사용
- 범죄예방디자인 아이디어 카드는 6가지 원리에 따라 모둠별로 제공할 수 있는 1개 세트로 구성(부족한 아이디어 카드는 복사 후 잘라서 사용)

## 03
## 마인드 맵(Mind Map)

**마인드 맵 만들기**는 범죄발생 및 불안감의 개념을 정립하고 심각성을 인식하는 단계입니다.

**준비사항**
대자보 용지(4절 스케치북)
메모장
필기도구

**소요시간**
30분

**진행방법**
주제어에 대한 생각을 각자가 이야기하고 종합된 마인드 맵 내용은 모둠대표가 정리

### Process Tip

☞ 마인드 맵이란 「마음속에 지도를 그리듯이 주요 줄거리와 내용을 이해하며 정리하는 방법」입니다. 디자인 게임 워크숍에 참여하는 사람들이 처음에는 소극적이고 어색한 태도를 보이지만, 제시된 주제어에 대한 개인의 생각을 마인드 맵으로 종이에 표현하면서 워크숍의 집중도를 점점 더 높일 수 있습니다.

☞ 마인드 맵은 주제어(특정 키워드)와 관련된 다양한 사람의 생각을 공유하는데 도움이 됩니다.

| 단계 | 내용 및 방법 | 소요시간 |
|---|---|---|
| STEP 1 | **범죄, 불안감을 키워드로 떠오르는 이미지 정리**<br>▪ 개인별로 키워드에 대한 생각을 정리<br>▪ 개인별로 떠오르는 이미지를 말하면서 생각을 공유 | 10분 |
| STEP 2 | **모둠별로 마인드 맵 작성**<br>▪ 종이의 중심에서 시작하여 키워드로 연상되는 단어를 차례로 나열<br>▪ 각각의 단어는 중심에서 바깥으로 퍼져나가는 구조로 정리<br>▪ 각각의 단어 옆에 관련 이미지나 그림 그리기 | 20분 |

주제어에 대한 생각을 말하기

주제어와 관련된 마인드 맵 작성하기

「범죄」를 주제로 한 마인드 맵

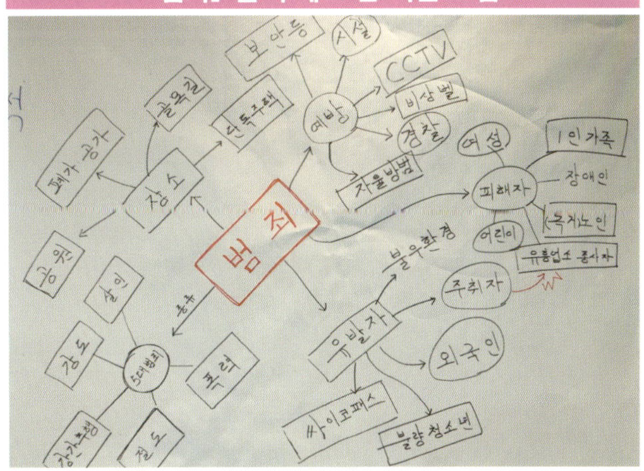


「범죄불안감」을 주제로 한 마인드 맵

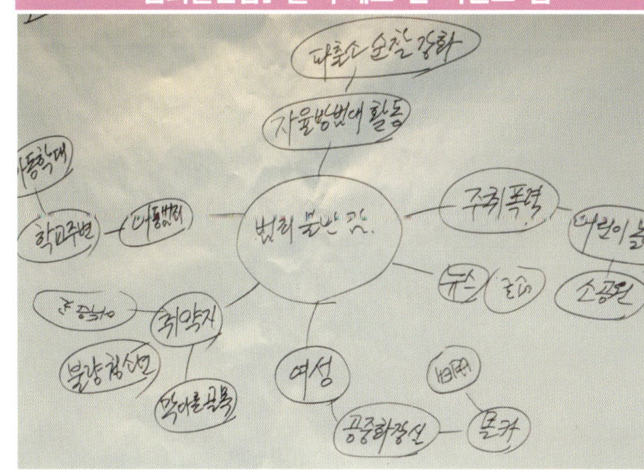

## 마인드 맵
### (30분)

"마음속에 지도를 그리듯이
주요 줄거리와 내용을 이해하며 정리하는 방법"

**키워드 : 범죄, 불안감**

**[ 설명(개념이해) 후 조원끼리 토론하며 마인드 맵 작성 ]**

- 종이의 중심에서 시작해서 연상되는(떠오르는) 단어를 차례로 나열
- 각각의 단어는 중심에서 바깥으로 퍼져나가는 구조로 정리(가지치기)
- 각각의 단어 옆에 관련 이미지(그림) 그리기

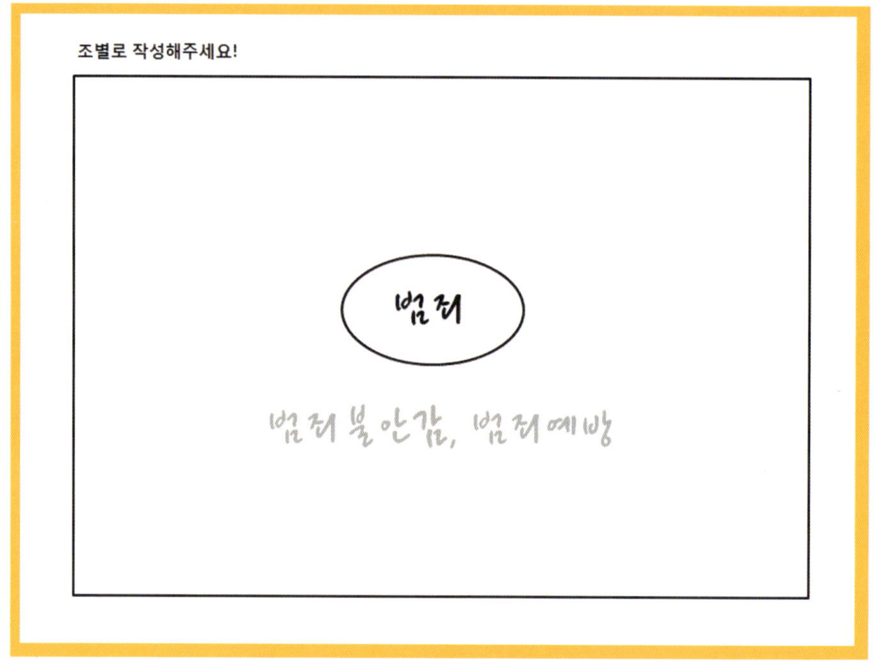


- 본 단계에서 범죄에 대한 막연한 생각 또는 이미지를 구체화시킵니다.
- 단어만 나열하기보다는 단어와 연계되는 간단한 이미지를 그리거나 준비된 그림들을 함께 붙여 정리하면 개념 이해에 도움이 됩니다.
- 마인드 맵을 통해 참여자들의 범죄에 대한 인식을 파악할 수 있습니다.

- 위에 제시한 그림을 참고하여 모둠별로 제공한 대자보 용지 또는 4절 스케치북에 마인드 맵을 작성합니다.
- 가운데에 범죄(또는 범죄불안감, 범죄예방)라는 키워드를 적고 각자가 떠오르는 생각을 말하면 모둠대표가 내용을 정리합니다.

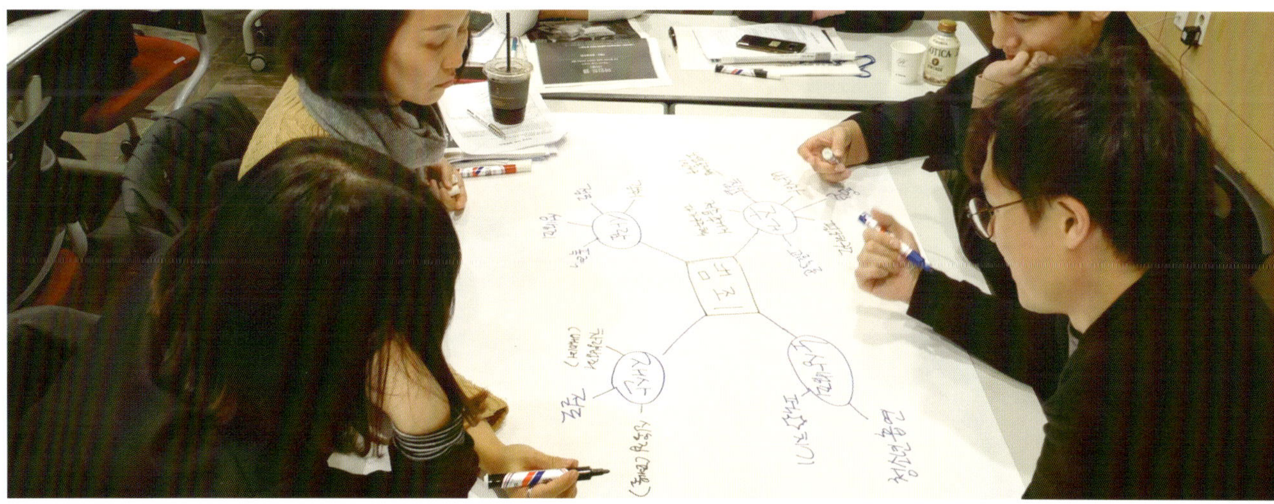

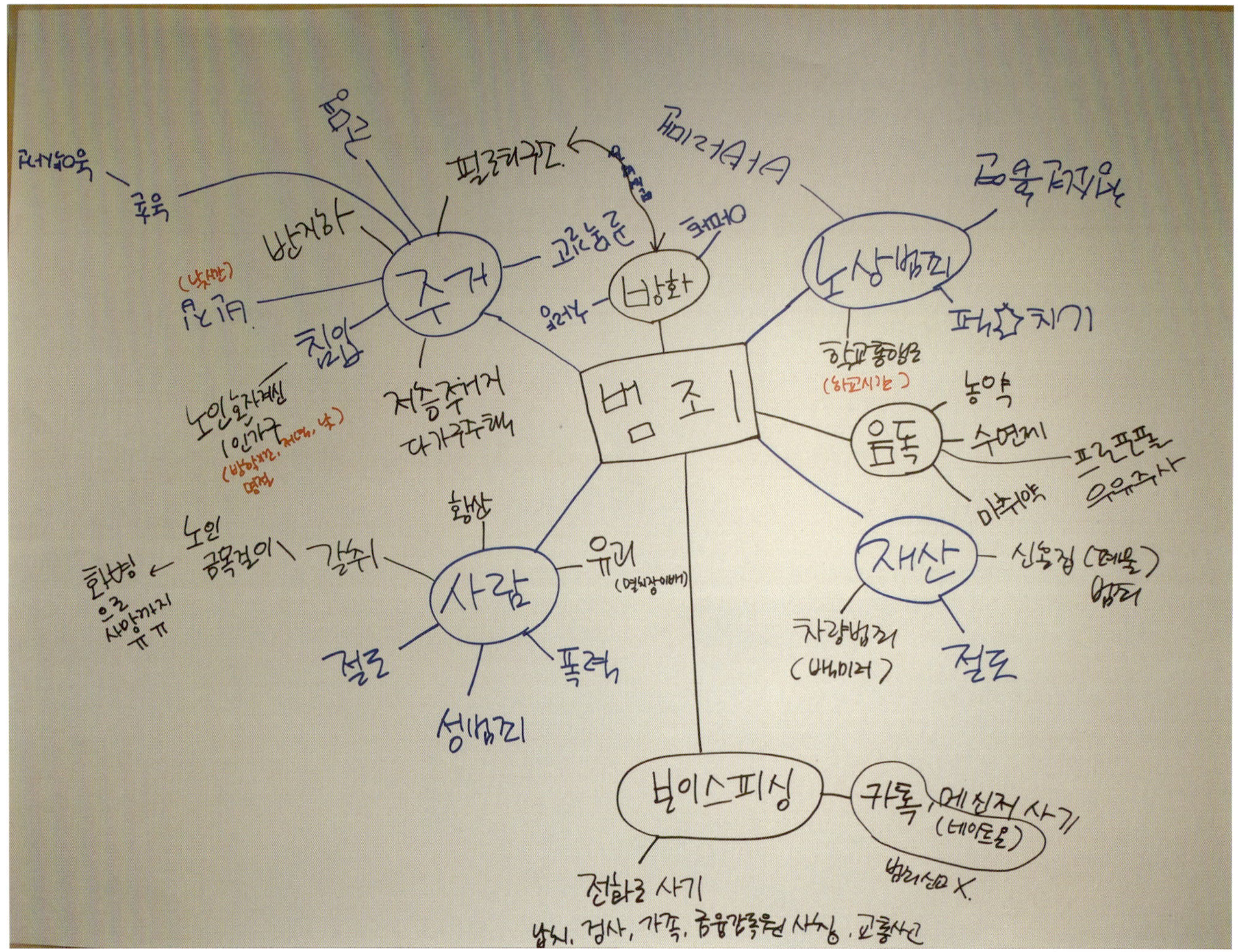


범죄를 키워드로 한 마인드 맵 사례

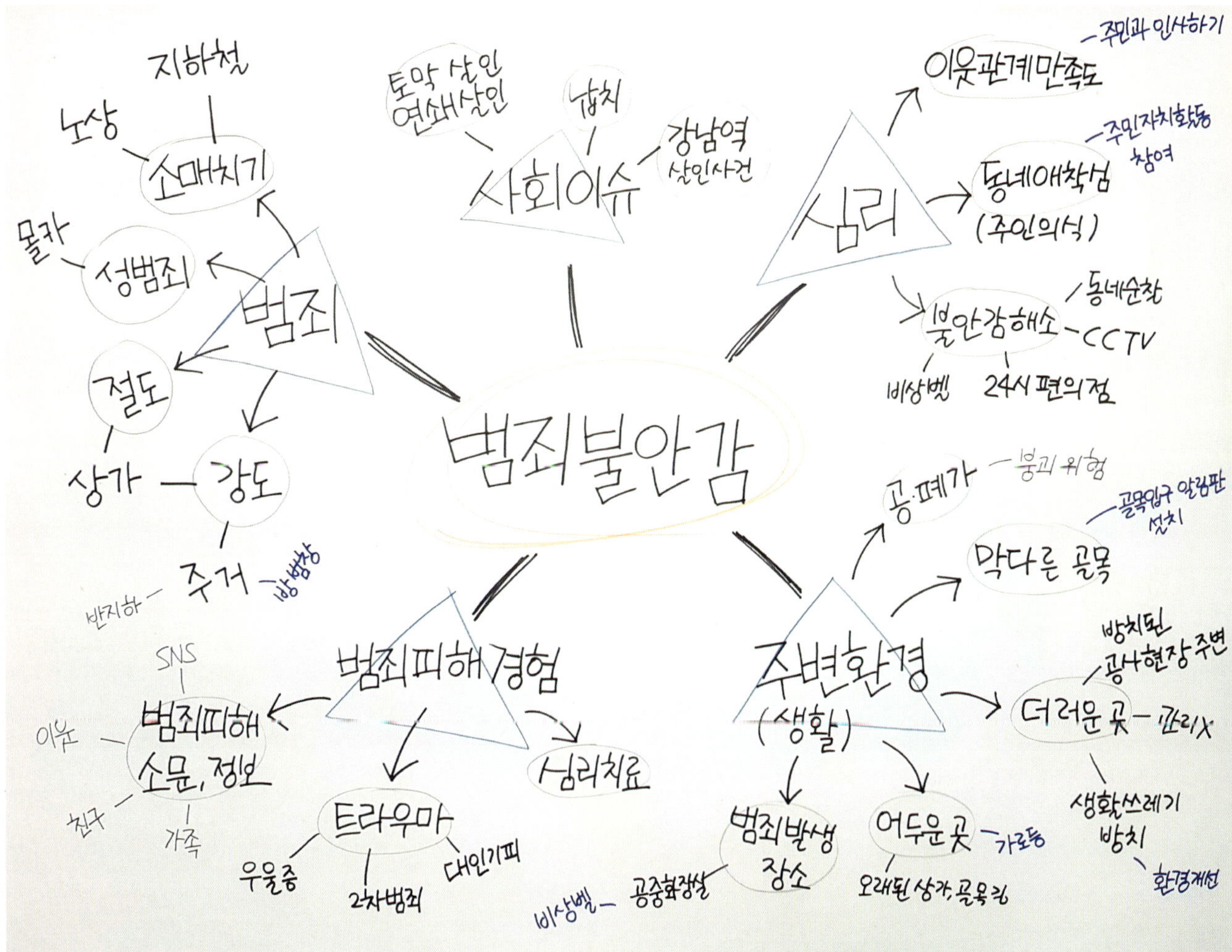


범죄불안감을 키워드로 한 마인드 맵 사례

## 04
## 브레인스토밍(Brainstorming)

**브레인스토밍**은 유형별 범죄특징(발생패턴)을 인식하고 예방대책을 공유하는 단계입니다.

**준비사항**
대자보 용지(4절 스케치북)
메모장
필기도구
포스트잇

**소요시간**
40분

**진행방법**
주제어에 대한 각자의 생각을 메모장에 정리한 뒤 자유롭게 토론하고 포스트잇에 기록할 내용은 모둠대표가 정리

### Process Tip

☞ 브레인스토밍이란 「한 가지 문제를 놓고 여러 사람이 다양한 아이디어를 제시하여 최선의 대안을 도출하는 방법」입니다. 마인드 맵에서는 개인의 생각을 나열하면서 범죄에 대한 일반적인 인식을 공유했다면, 브레인스토밍에서는 주제어에 대한 서로 다른 개인의 생각을 이해하고 제시한 기준에 따라 정리함으로써 유형별 범죄와 예방대책의 특징을 구체화시킬 수 있습니다.

☞ 마인드맵에서 공유된 범죄 및 불안감에 대한 인식을 기반으로 다음의 순서에 따라 진행합니다.

| 단계 | 내용 및 방법 | 소요시간 |
|---|---|---|
| STEP 1 | **대물범죄와 대인범죄 특징(발생패턴)과 예방대책**<br>▪ 개인별 생각을 포스트잇에 정리<br>▪ 포스트잇을 대자보 용지(또는 4절 스케치북)에 붙이기 | 20분 |
| STEP 2 | **침입범죄와 노상범죄 특징(발생패턴)과 예방대책**<br>▪ 개인별 생각을 포스트잇에 정리<br>▪ 포스트잇을 대자보 용지(또는 4절 스케치북)에 붙이기 | 20분 |

각자의 생각을 자유롭게 말하기

주제어에 대한 생각을 포스트잇에 정리하기

[브레인스토밍의 4원칙]

**1원칙 : 자유로운 분위기 유지**

**2원칙 : 많은 아이디어 제시**

아이디어의 좋고 나쁨의 판단을 하지 않고 질보다 양에 충실

**3원칙 : 비판하지 않기**

상대방 의견을 존중하고 다른 사람의 아이디어 이어가기

**4원칙 : 종합해서 결론내기**

아이디어를 종합해서 최선의 대안 도출

개인별 의견 종합하기

브레인스토밍 결과물

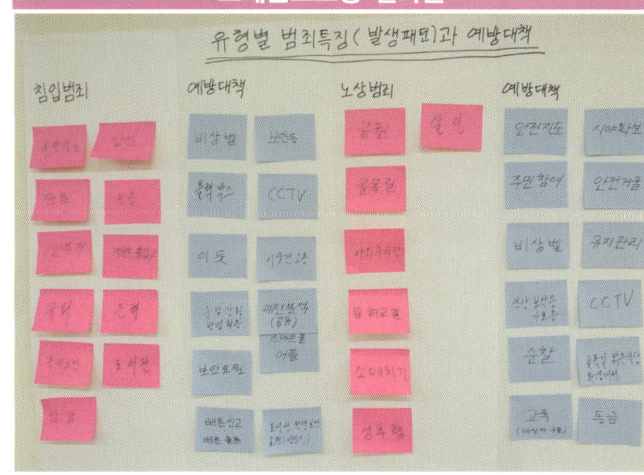

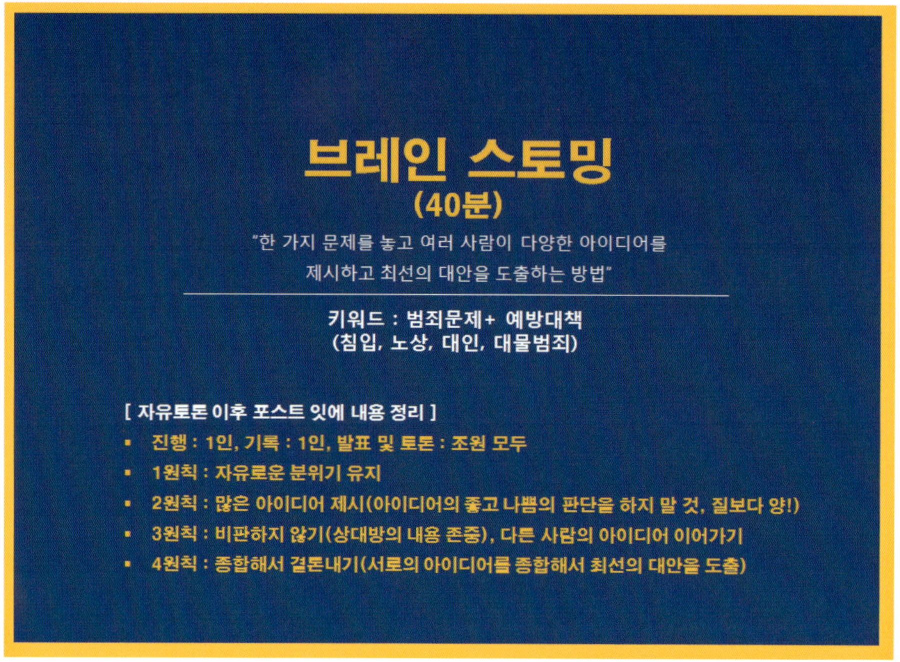

- 본 단계에서 유형별 범죄특성과 예방대책을 논의합니다.
- 브레인스토밍은 특정인 중심이 아닌 워크숍 참여자 모두가 자유롭게 의견을 제시하면서 진행합니다.
- 본인의 생각과 다른 의견에 대한 비판은 금지되며 상호 존중하는 분위기로 다양한 아이디어를 종합하는 것이 중요합니다.
- 위에 제시한 그림을 참고하여 모둠별로 제공한 대자보 용지 또는 4절 스케치북에 브레인스토밍 결과물을 작성합니다.
- 유형별 범죄는 「침입범죄, 노상범죄」 또는 「대인범죄, 대물범죄」로 구분해서 각 유형별로 어떤 범죄가 있는지, 해당 범죄의 특징(방법 등)은 무엇인지, 그리고 해당 범죄 예방대책은 무엇인지 논의합니다.

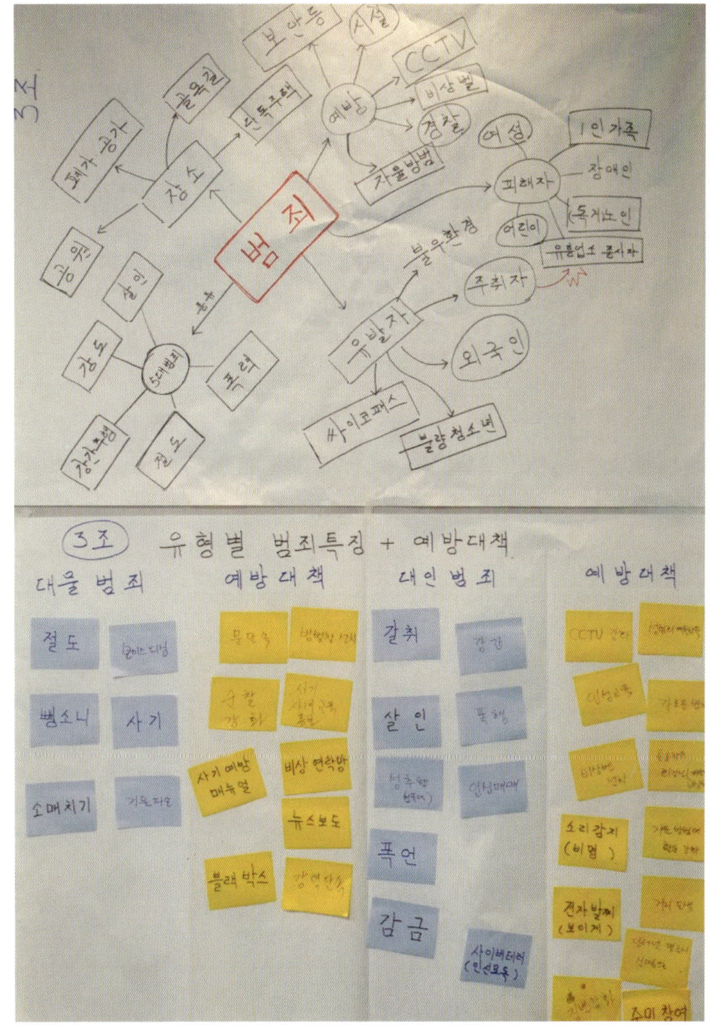
범죄
장소
폐가 공가
골목길
보안등
시설
CCTV
비상벨
경찰
자율방범
예방
피해자
여성
1인 가족
장애인
독거노인
어린이
유흥업소 종사자
주취자
유발자
외국인
사이코패스
불량청소년
공원
강도
폭력
절도
3조 유형별 범죄특징 + 예방대책
대물 범죄
예방 대책
대인 범죄
예방 대책
절도
뺑소니
사기
소매치기
갈취
강간
살인
폭행
폭언
감금
사기 예방 매뉴얼
비상 연락망
뉴스보도
블랙 박스
소리 감지 (비명)
주민 참여

대물범죄, 대인범죄의 브레인스토밍 사례

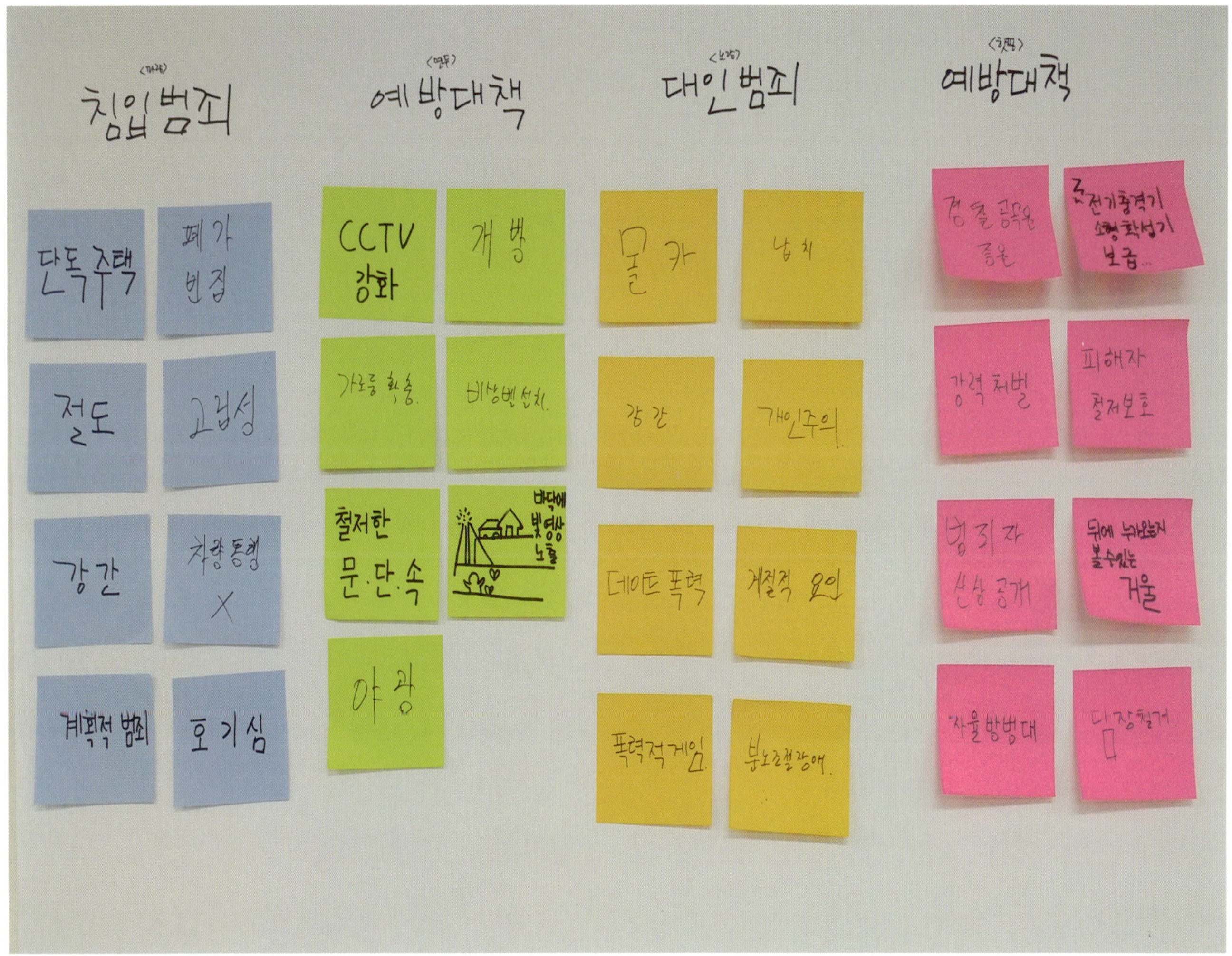


침입범죄, 노상범죄의 브레인스토밍 사례

# 05
## 일상활동 맵
## (Routine Activity Map)

**일상활동 맵** 만들기는 범죄취약 계층(인물)의 생활패턴을 분석하고 위험요인을 규명하는 단계입니다.

**준비사항**
대자보 용지(4절 스케치북)
필기도구
포스트잇

**소요시간**
30분

**진행방법**
모둠별 제시된 순서에 따라 진행하고
내용은 모둠대표가 정리

### Process Tip

☞ 일상활동 맵이란 「특정인을 설정해서 성격과 특징, 생활패턴을 시간과 장소별로 분석하는 방법」입니다.

☞ 지역에서 범죄에 취약한 가상의 인물(아동, 여성 등) 또는 모둠별 참여자 중에서 특정인물 1인을 설정하고 개인의 일상을 시나리오로 정리하여 범죄에 취약한 원인을 규명합니다.

☞ 일상활동 맵에서는 범죄예방에 필요한 대안을 제시하지 않습니다(다음 단계 아이디어 맵에서 진행).

| 단계 | 내용 및 방법 | 소요시간 |
|---|---|---|
| STEP 1 | **아래의 사례를 참고하여 1안, 2안 중에서 범죄에 취약한 계층(인물) 선정**<br>▪ 1안 : 혼자 사는 여성, 초등학생 등 가상의 인물 선정<br>▪ 2안 : 워크숍에 참여한 주민 중에서 대상 인물 선정 | 5분 |
| STEP 2 | **선정된 인물의 배경(특징) 정리**<br>▪ 성별, 연령, 성격, 직업, 취미, 관심사 등을 정리<br>▪ 집▶직장(학교)▶특정 장소▶집으로 돌아오는 일상활동을 정리<br>▪ 시간 및 장소별 활동특성과 각 상황에서 발생 가능한 위험요인 규명 | 25분 |

**범죄취약 계층(대상인물) 설정**

**대상인물의 특징 및 일상활동 논의**

**대상인물의 특징 정리**

**대상인물의 일상활동 맵 작성**

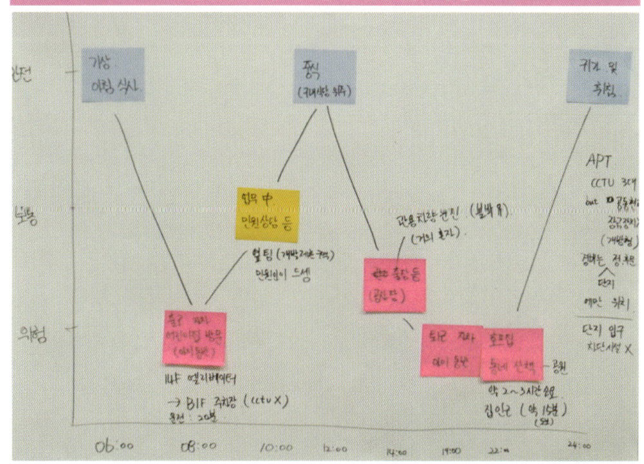

## 일상활동 맵
### (30분)

"특정인을 설정해서 성격과 특징, 그리고
일상을 시간과 장소별로 기록해서 특성을 분석하는 방법"

**키워드 : 개인, 생활패턴, 시간, 장소**

**[인물의 특성 파악 및 정리, 시간/장소별 취약지점 파악 및 정리 ]**

- 진행 : 1인, 기록 : 1인, 발표 및 토론 : 조원 모두
- 특정인 : 조원 중 1인 또는 가상의 인물(범죄예방 대책이 필요한 인물 설정)
- 성별, 연령, 성격, 직업, 취미, 관심사, 생활패턴 등 인물의 배경 정리
- (평일 기준) 집->직장(학교 포함)->특정 장소(여가 포함)->집으로 돌아오는 일상 정리
- 시간 및 장소별 활동 특성과 각 상황에서 발생할 수 있는 범죄 또는 위험요인 규명
- 범죄 및 위험요인에 필요한 대안은 제시하지 않음(아이디어 맵에서 진행)

### 특정인의 일상 정리 예시

**❶ 초등학생**

- 일찍 자고 일찍 일어 남
- 8시 등교, 3시 하교
- 집에 오는 길에 편의점 방문
- 친구들과 오락실에서 놀기
- 가끔 놀이터에서 놀기
- 주 3회 보습학원 다님
- 평균 6시 귀가

**❷ 혼자 사는 여성**

- 늦게 자고 일찍 일어 남
- 7시 출근, 6시 퇴근
- 매일 어학원 및 편의점 방문
- 친구들과 정기 모임(10시 귀가)
- 월 2회 마트 방문(주말 오후)
- 월 1회 부서 회식(12시 귀가)
- 평균 9시 귀가

**❸ 노인**

- 일찍 자고 일찍 일어 남
- 새벽 5시 30분 약수터 방문
- 10시 출근, 4시 퇴근(공공근로)
- 매일 오후 목욕탕 방문
- 주 1회 전통시장 방문(주말 오후)
- 주 1회 등산 가족모임(9시 귀가)
- 평균 6시 귀가

- 본 단계에서 특정인의 일상에서 취약지점 및 시간대를 논의합니다.
- 분석 대상으로 설정된 특정인(가상인물 포함)의 성별, 직업, 성격 등을 자세하게 나열한 후 하루에 방문하는 공간 및 시간대별로 안전하거나 위험한 원인에 대해 토론합니다.
- 위에 제시한 그림을 참고하여 특정인을 설정할 수 있습니다.
- 초등학생, 혼자 사는 여성, 노인 등은 우리 사회에서 대표적인 범죄취약 계층으로 분류됩니다.
- 워크숍에 참여한 주민을 대상 인물로 설정하면 일상활동 맵을 더욱 쉽게 작성할 수 있습니다.

조별로 작성해주세요!

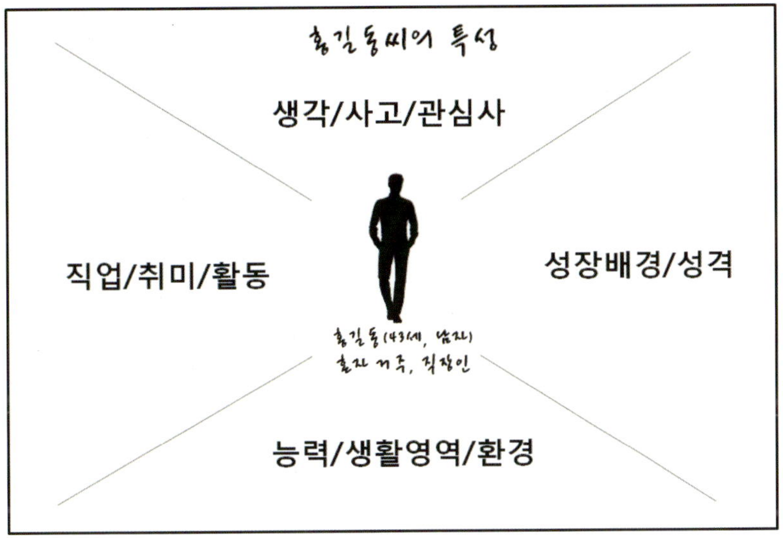


조별로 작성해주세요!

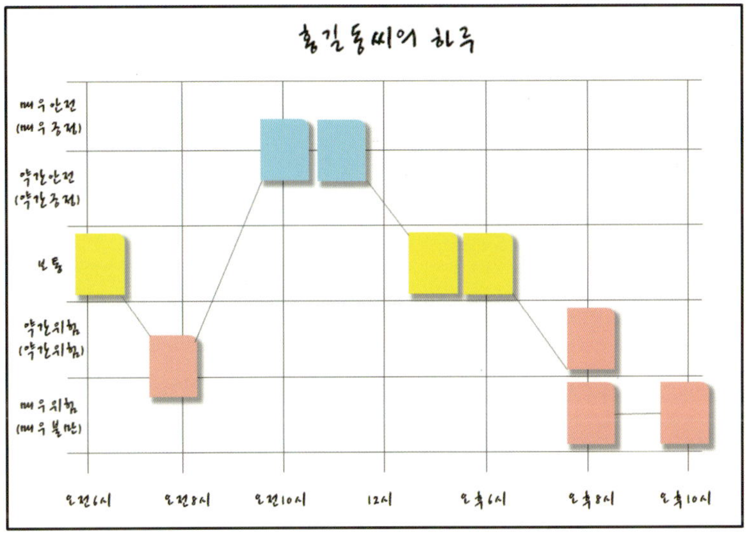


- 위에 제시한 그림을 참고하여 모둠별로 제공한 대자보 용지 또는 4절 스케치북에 특정인의 일상 및 특징을 정리합니다.
- 가운데에 특정인의 신상을 요약하고, 관심사항, 직업 및 취미생활, 성장배경 및 성격, 평소 생활영역 등을 정리합니다.

- 위에 제시한 그림을 참고하여 모둠별로 제공한 대자보 용지 또는 4절 스케치북에 일상활동 맵을 작성합니다.
- 왼쪽 그림에서 정리된 특정인의 분석결과를 참고로 시간대별 일상활동을 포스트잇에 기록하되, 위험 공간 및 시간대는 붉은색 포스트잇(안전한 경우는 파란색, 보통인 경우는 노란색)을 사용합니다.

대상인물의 특징 정리 과정

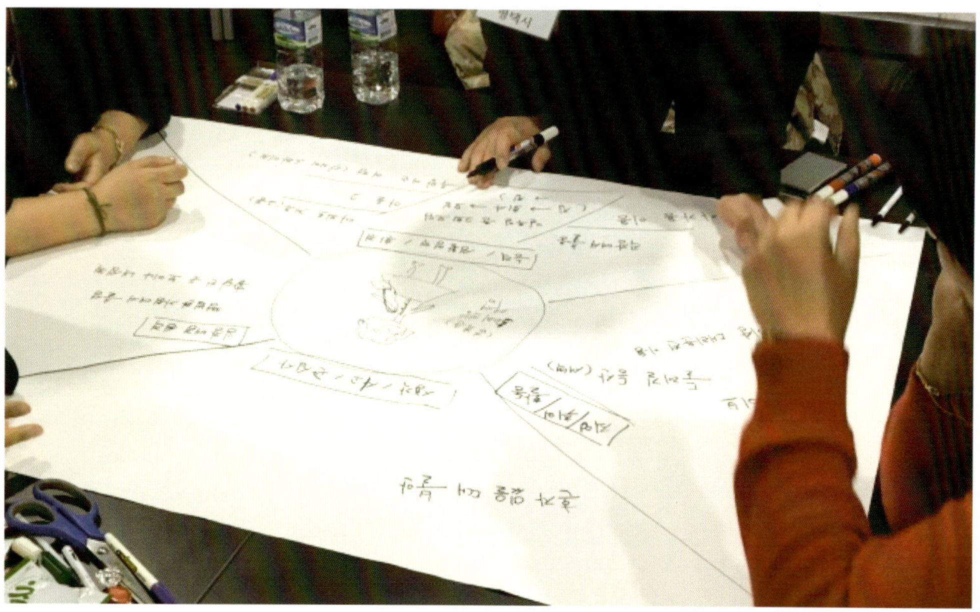

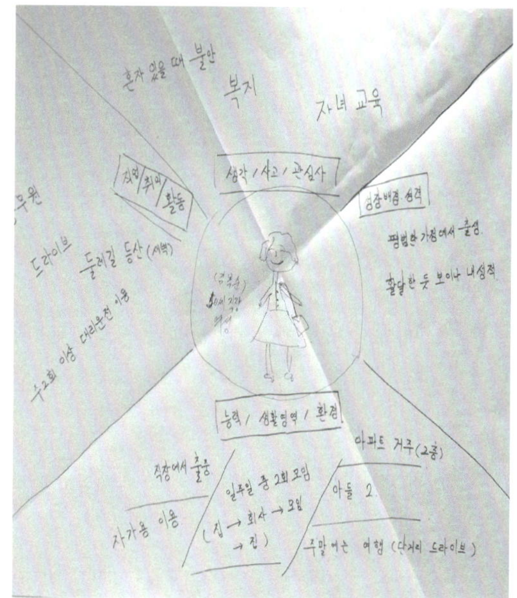

대상인물의 일상활동 맵 작성 과정

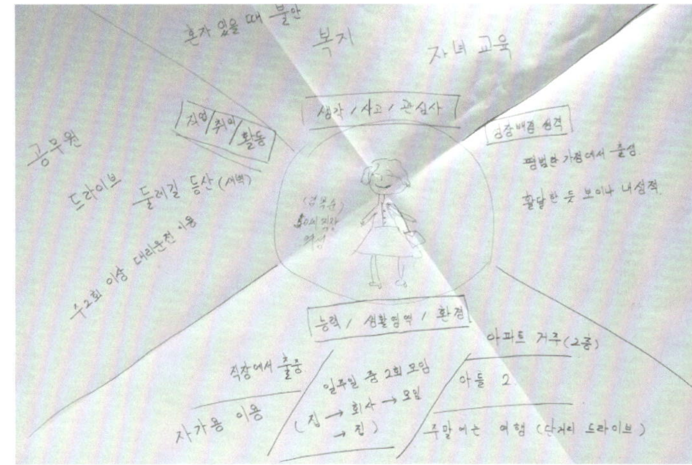


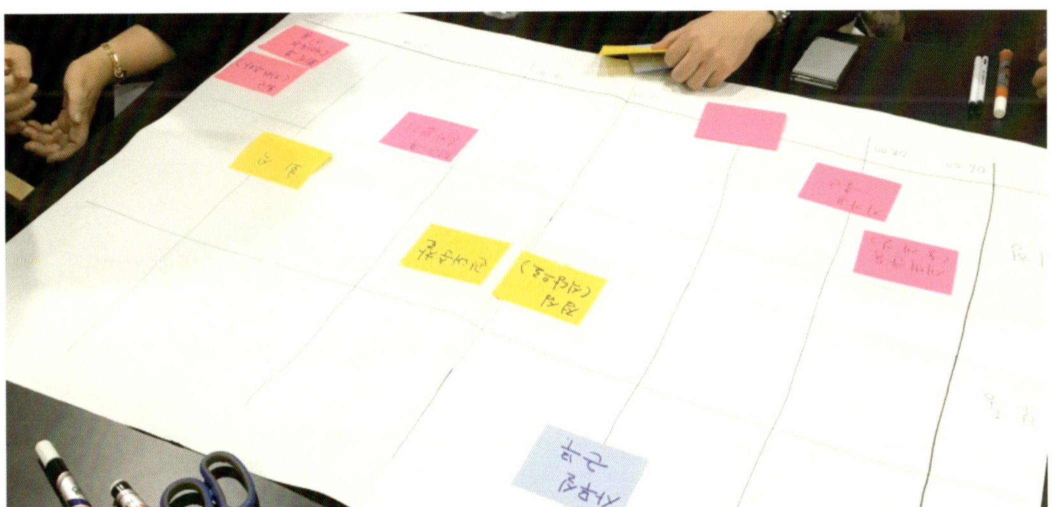

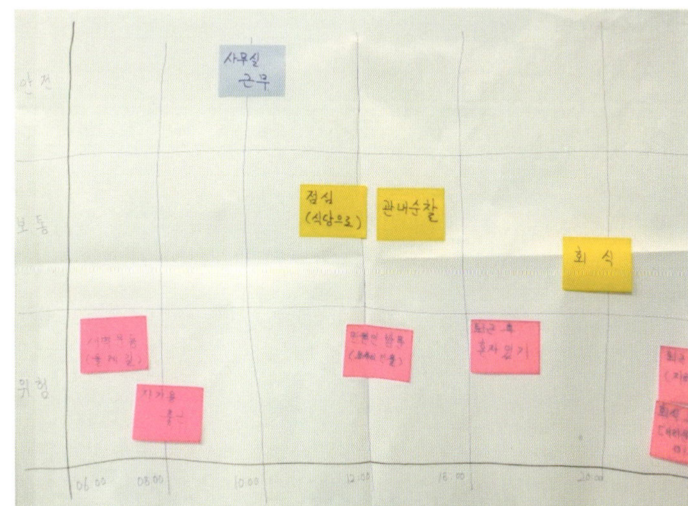


매뉴얼 구성과 활용

범죄 예방 디자인

커뮤니티 맵핑 워크숍

**디자인 게임 워크숍**

부록

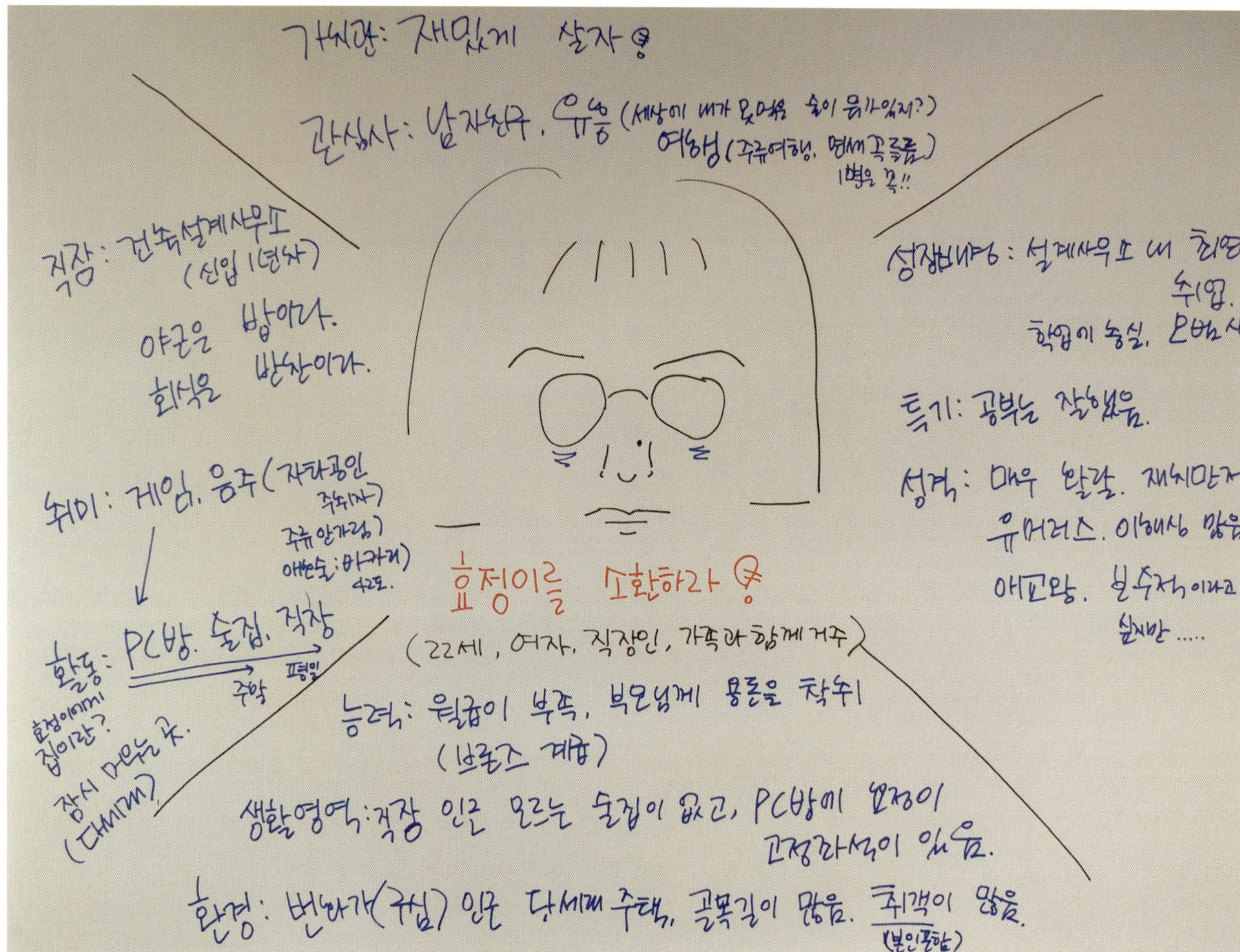


대상인물의 특징 정리 사례

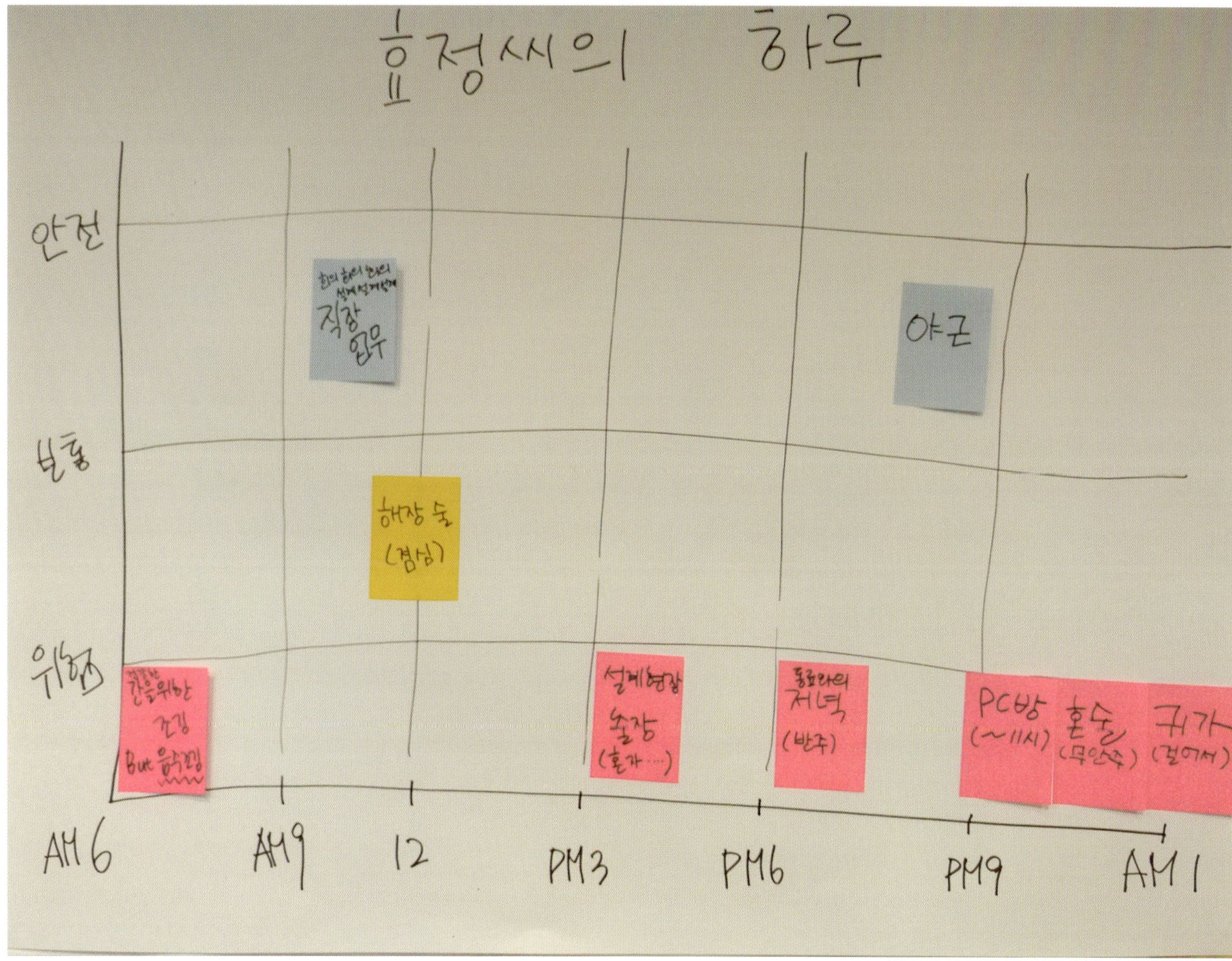


대상인물의 일상활동 맵 작성 사례

## 06
## 아이디어 맵(IDEA Map)

**아이디어 맵** 작성은 유형별 범죄예방디자인 전략을 도출하는 단계입니다.

**준비사항**
대자보 용지(4절 스케치북)
필기도구
범죄예방디자인 아이디어 카드

**소요시간**
30분

**진행방법**
모둠별 제시된 순서에 따라 진행하고
내용은 모둠대표가 정리

### Process Tip

☞ 아이디어 맵이란 「범죄에 취약한 사람 또는 환경에 필요한 맞춤형 범죄예방디자인 전략을 도출하는 방법」입니다.

☞ 아디이어 맵은 이전단계에서 작성한 「일상활동 맵」이나 커뮤니티 맵핑 워크숍에서 만들어진 「지역안전지도」 중에서 하나를 선택하여 해당 지도를 근거로 작성합니다.

| 단계 | 내용 및 방법 | 소요시간 |
|---|---|---|
| ALT 1<br>(1안) | **일상활동 맵에서 규명된 특정인 또는 환경의 범죄 및 위험요인 예방대책 선택**<br>- 시간대 및 장소별로 어떤 예방대책이 필요한지 논의(토론)<br>- 범죄예방디자인 아이디어 카드 중에서 필요한 예방대책 선택<br>- 예방대책 선택 이유 논의(토론) | 30분 |
| ALT 2<br>(2안) | **커뮤니티 맵핑 워크숍에서 규명된 특정 환경의 범죄 및 위험요인 예방대책 선택**<br>- 시간대 및 장소별로 어떤 예방대책이 필요한지 논의(토론)<br>- 범죄예방디자인 아이디어 카드 중에서 필요한 예방대책 선택<br>- 예방대책 선택 이유 논의(토론) | 30분 |

일상활동 맵을 근거로 필요한 예방대책 논의

범죄예방디자인 아이디어 카드 확인

아이디어 카드 선택과 내용 정리

범죄예방디자인 아이디어 맵 완성

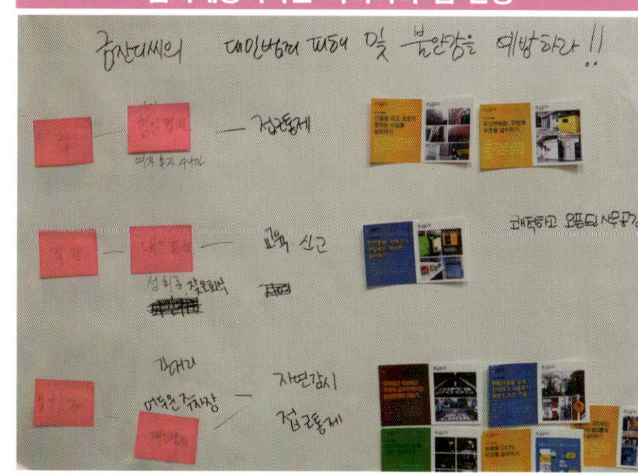

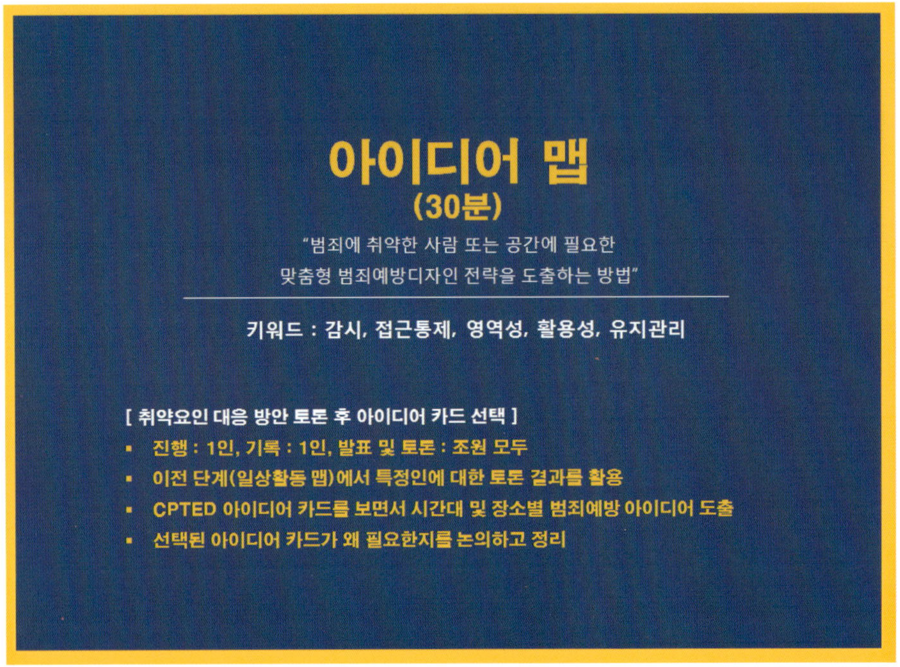

- 본 단계에서 유형별 범죄예방 대책을 논의합니다.
- 일상활동 맵 또는 커뮤니티 맵핑 워크숍에서 작성된 지역안전지도를 통해 확인된 각종 범죄위험 요인을 최소화시키거나 예방할 수 있는 아이디어 카드를 확인합니다.
- 필요한 범죄예방디자인 아이디어 카드는 토론을 통해서 선택합니다.

- 위에 제시한 카드를 참고로 범죄예방 대책을 선택합니다.
- 아이디어 카드는 「감시, 접근통제, 영역성 강화, 명료성 강화, 활용성 강화, 유지관리」 원리에 따른 6가지로 분류됩니다.
- 개별 카드는 「전략+범죄예방원리+사례 이미지」로 구성됩니다.

예시) 앞 단계에서 작성된 일상활동 맵

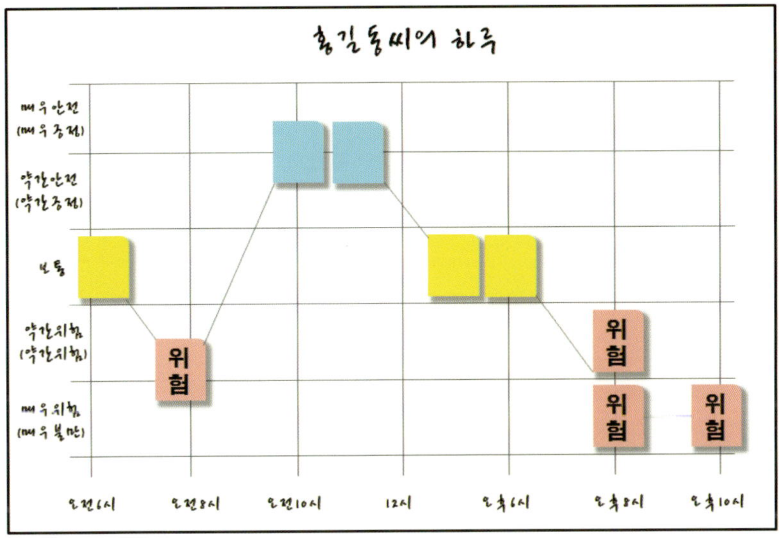


조별로 작성해주세요!

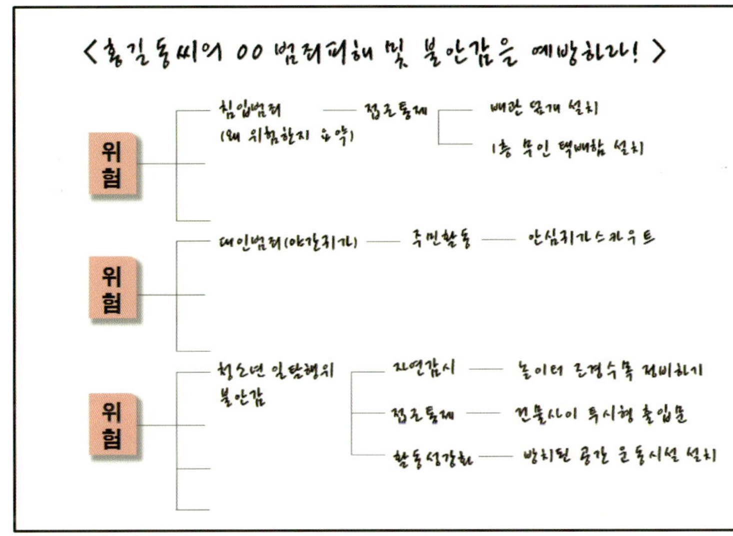


- 일상활동 맵에서 「위험, 매우 위험」한 것으로 표현된 내용(상황)에 대응하는 방법을 논의합니다.
- 경우에 따라서는 안전한 상황에서도 해당 공간이나 상황을 더욱 활성화시키는 의견도 논의합니다.
- 위에 제시한 그림을 참고하여 모둠별로 제공한 대자보 용지 또는 4절 스케치북에 아이디어 맵을 작성합니다.
- 위험요인(환경, 상황)▶예상되는 범죄유형▶예방대책(범죄예방디자인 원리)▶범죄예방디자인 아이디어(카드) 선택▶카드 부착 과정으로 진행합니다.

"범죄예방디자인 아이디어 카드는 본 매뉴얼 부록의 자료를 잘라서 사용합니다."

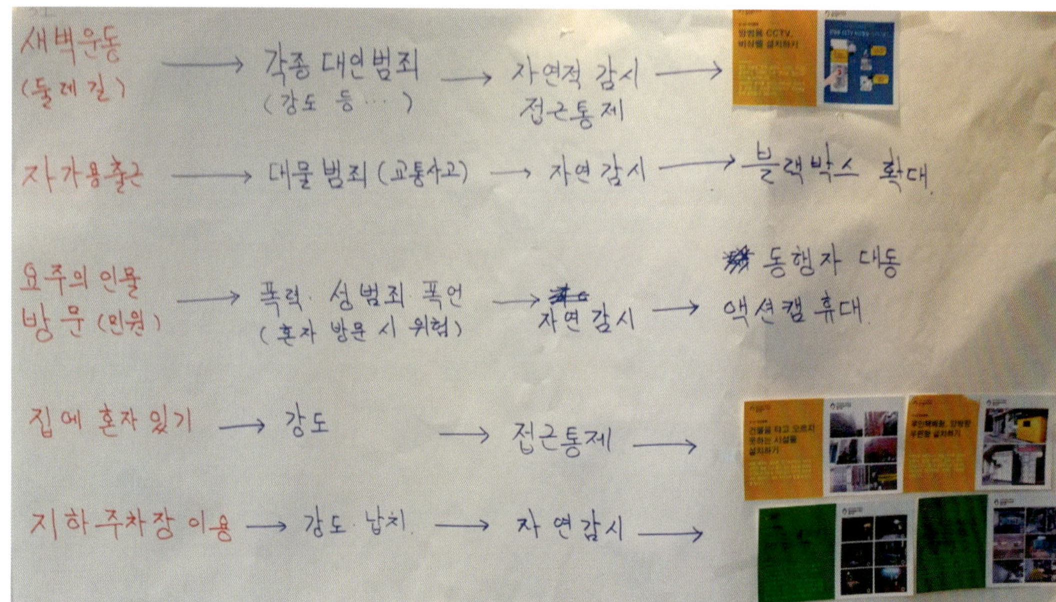

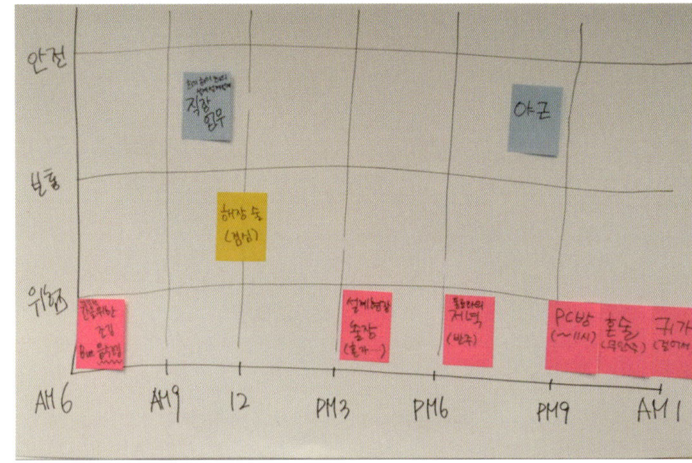


> “워크숍 결과를 종합해서 범죄원인과 대책을 발표합니다.”

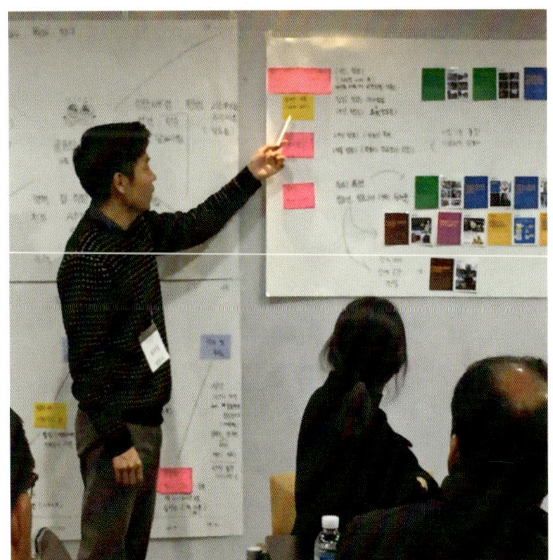

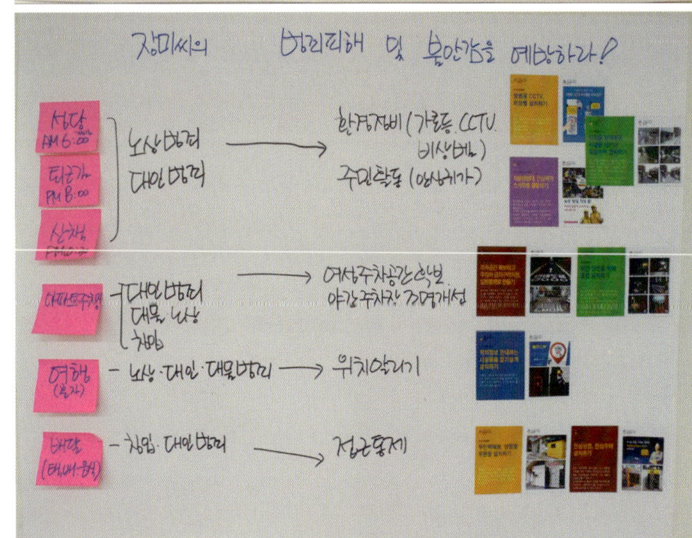

대상인물의 특징 및 일상 종합 사례

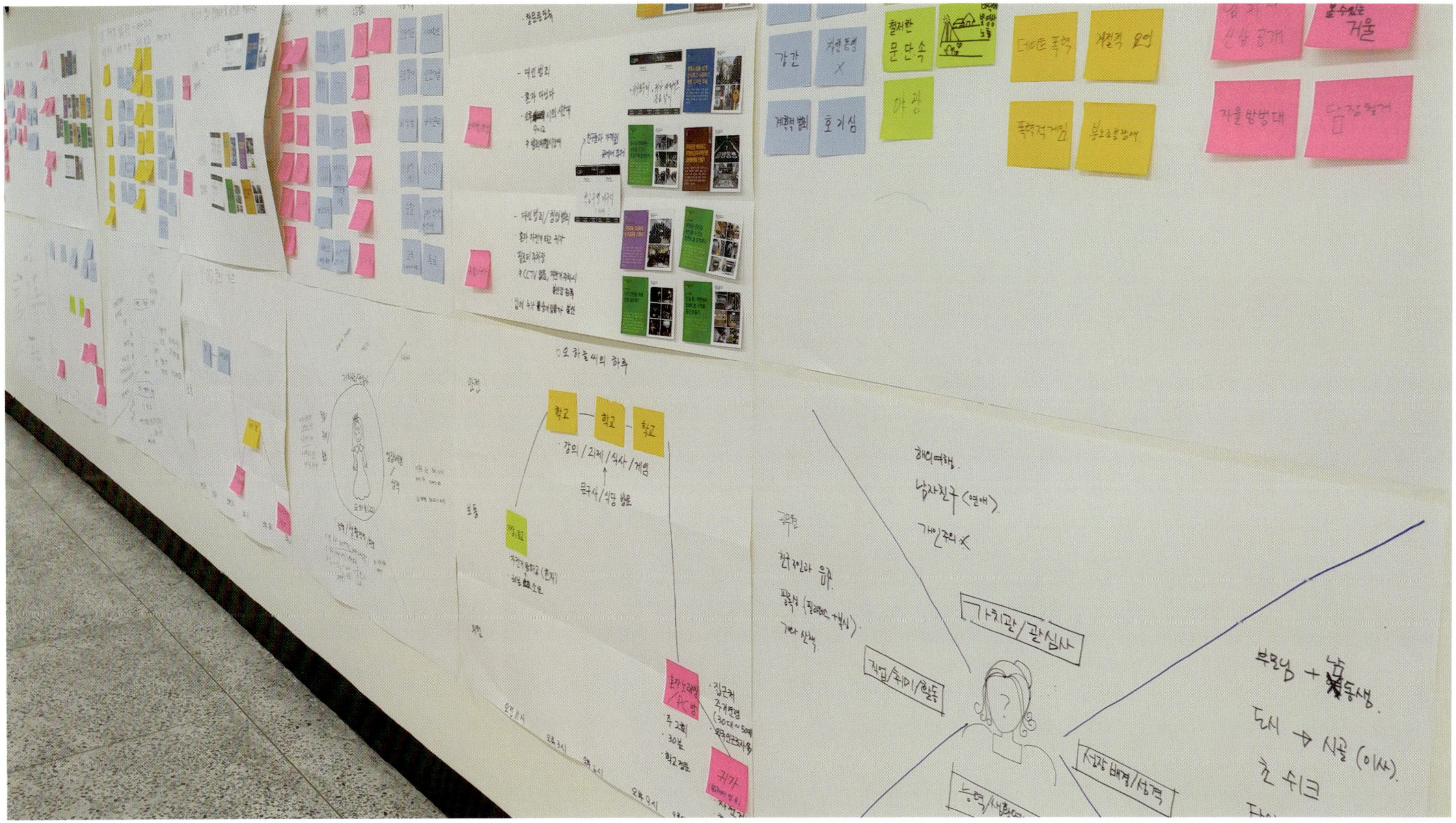
강간
호기심
철저한 문단속
마킹
데이트 폭력
자율 방범대
학교
가치관/관심사
부모님 + 남동생
도시 → 시골 (이사)

# 05

# 부록

지역안전지도 만들기 교육자료
디자인 게임 워크숍 교육자료
범죄예방디자인 아이디어 카드

[ 부록 1 ]

# 지역안전지도 만들기 교육자료

지역기반 안전한 환경조성을 위한

# 지역안전지도 만들기

## Community Mapping Workshop

### 교육 참고자료

본 자료를 참고하여 교육자료를 구성하기 바랍니다.

# 1 안전지도 개념

# 범죄예방디자인 사업과정

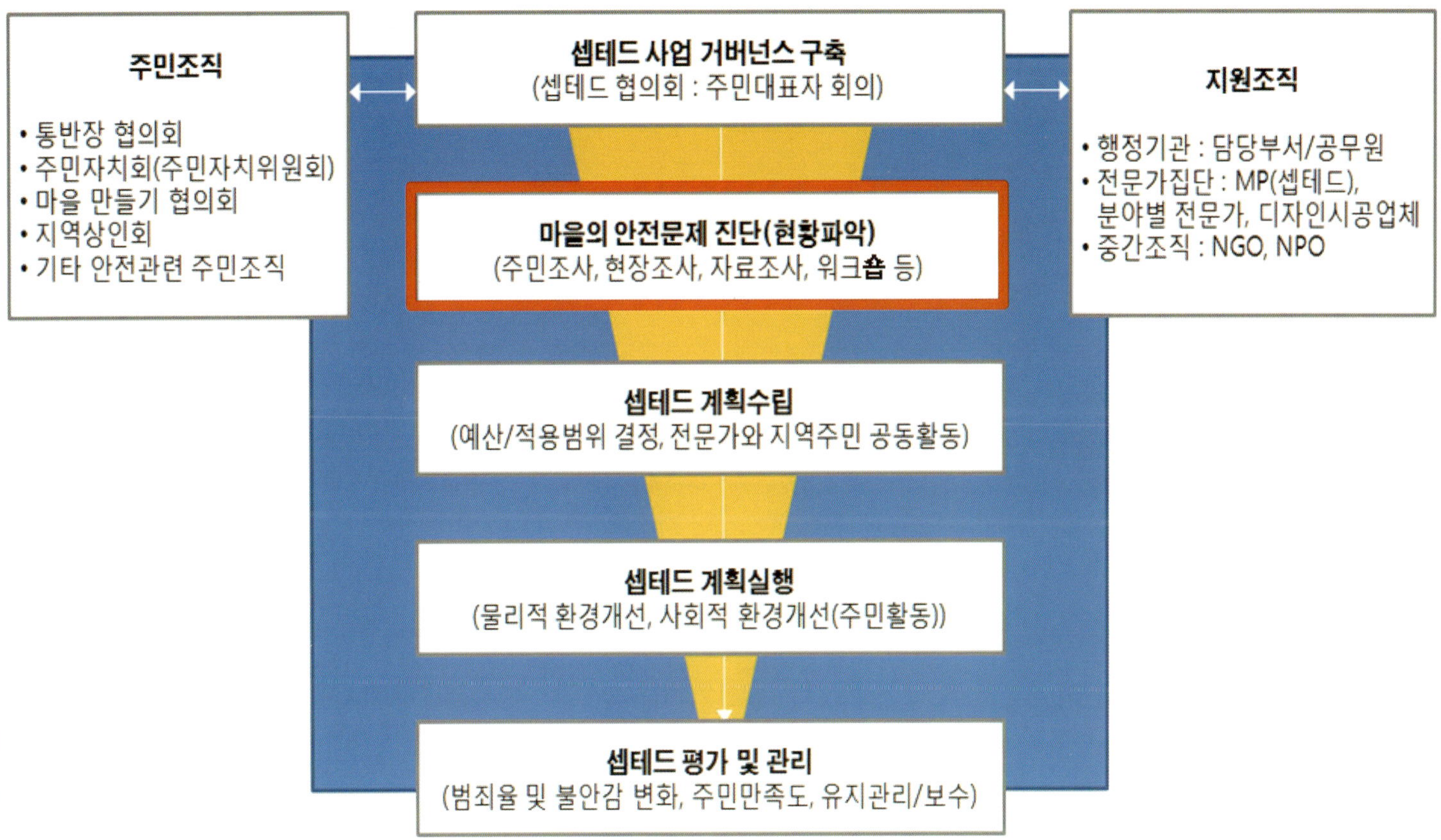

주거환경 정비사업, 범죄예방디자인 사업 등

**안전마을 사업의 가장 기본적인 조건(활동)**은

**지도의 제작과 활용**

**안전지도 제작교육** → **우리동네 현장조사** → **취약환경 개선**

**기본 교육**

1. 안전지도의 이해
2. 범죄위험요인 확인
3. 범죄안전요인 확인

**지역주민 활동**

1. 체크리스트 활용
2. 마을지도 만들기
3. 범죄취약/안전구역 확인

**범죄예방디자인 적용**

1. 공간계획
2. 시설계획
3. 주민참여계획

# 안전지도와 범죄지도

**안전지도는 주민현장조사를 통해 제작한 지도**

**범죄지도는 범죄자료를 분석해서 제작한 지도**

**"단순한 지도가 아닌 취약환경개선, 순찰경로 지정 등 안전마을 만들기를 위한 정보가 담긴 지도"**

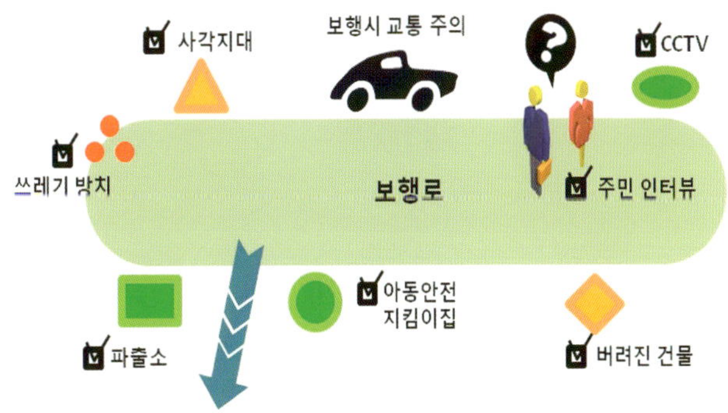

매뉴얼 구성과 활용
범죄 예방 디자인
커뮤니티 맵핑 워크숍
디자인 게임 워크숍
부록

# 범죄지도_개념

**지역에서 발생한 범죄위치(지번)와 빈도(횟수)를 점 또는 면의 형태로 표현한 지도**

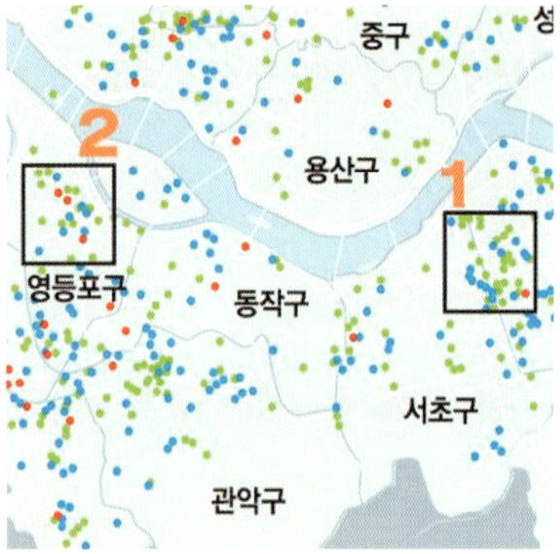


점 지도

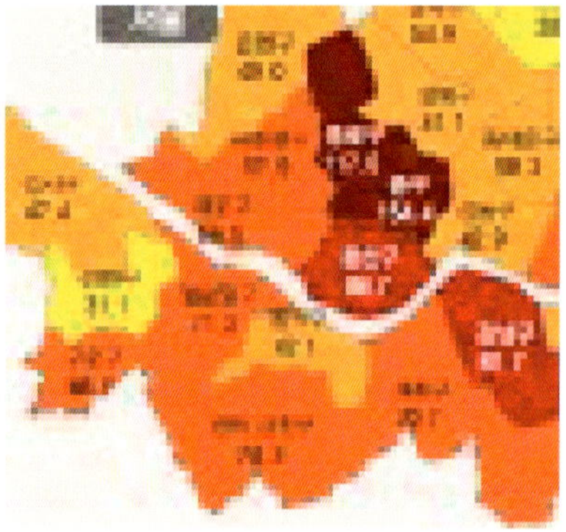

면 지도

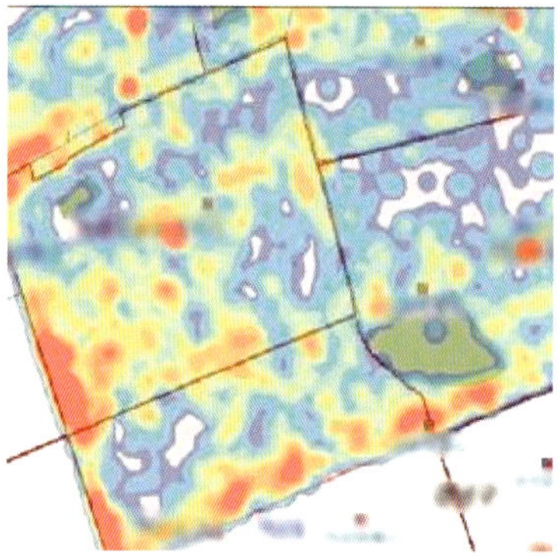

핫스팟 지도

# 범죄지도_특징

**취약환경 개선에 필수적인 지도임에도**
**일반인들에게는 정보공개가 되지 않음**

### 01 정확성

범죄발생 장소 및 빈도를 알 수 있음

### 02 범죄자료 신뢰성 문제

실제 발생한 모든 범죄가 기록되는 것이 아님(누락된 범죄 존재)

### 03 범죄자료에 대한 의존성 문제

범죄자료가 없으면 구축할 수 없음(뉴타운, 신도시 등)
도시건축 환경이 전면적, 부분적으로 개편되는 지역은 기존 범죄자료가 무의미할 수 있음
범죄는 발생하지 않았지만 미수에 그친 공간/지역이나 주민이 두려워하는 공간은 배제됨

### 04 정보공개의 문제

경찰에서 구체적인 범죄지도(범죄자료)를 공개하지 않음
공개될 경우 민원발생이 우려됨
상세한 범죄발생 장소가 공개될 경우 추가범죄 발생 가능성 있음

# 지역안전지도_개념

**우리동네의 생활공간에서 범죄로부터**
**위험(불안)하거나 안전한 장소를 표현한 지도**

**주민들이 직접 현장조사를 통해서 제작**

## 위험한 장소?

- 범죄가 발생한 장소
- 사람들이 잘 다니지 않는 장소
- 주변에서 잘 보이지 않는 장소

## 안전한 장소?

- 사람들이 많이 다니는 장소
- 도와줄 수 있는 사람이 있는 장소
- 보호받을 수 있는 시설이 있는 장소

상점 주변

사람들이 잘 다니지 않는 길

유치원, 학교 주변

주택가 주변

# 지역안전지도_특징

**안전한 마을 만들기 자료로 사용되기 위해서는**
**사전교육과 적절한 정보 분석이 중요**

## 01 장점

범죄자료 없이도 구축 가능
실제 범죄발생장소와 평소 불안한 장소, 범죄가능성이 높은 장소를 종합적으로 표현
안전지도 제작과정에서 다양한 주민참여를 통한 교육, 안전의식, 지역 관심 제고 가능
선별적인 정보 가공을 통해서 지도 공개시 민원문제 최소화 가능

## 02 단점

주민을 대상으로 한 범죄예방교육, 지도제작교육, 현장조사 등에 시간과 노력이 필요
실제 범죄발생 장소(범죄지도)와 조사내용의 차이가 발생할 수 있음(전문가 자문 필요)
구축된 자료에 대한 지속적인 유지관리와 업데이트 필요
지도를 근거로 범죄취약환경이 개선되지 않을 경우 지도제작의 의미가 퇴색됨

# 2 안전지도 제작방법

# 안전지도 제작과정

**안전지도 교육**

- 안전지도 개념 및 제작방법 교육
- 주민대표가 교육을 받은 후 동네주민들에게 재 교육

**동네별 조사범위 결정**

- 동네에서 1~2시간 조사할 수 있는 범위를 결정
- 조사범위는 인터넷 지도를 통해서 확인
- 범위가 넓을 경우 조별로 조사할 수 있도록 조원들을 배치

**현장조사**

- 현장조사 지도, 필기도구, 메모장, 카메라 등 준비
- 동별로 정해진 구역을 조사하고, 주민 인터뷰 실행
- 조별로 조사할 경우 동일한 기준으로 조사해야 함

**안전지도 제작**

- 동별로 동일한 기준으로 지도를 제작
- 지도제작 매뉴얼 참고

**지도취합 및 분석**

- 행정기관에서 동별 안전지도 취합
- 전문가의 자문을 통해 자료 선별 및 지도의 적절성 평가
- 범죄취약 환경개선 사업계획 수립

1. 조사구역 확인

2. 현장조사

3. 지도제작

4. 조별 발표 및 토론

# 안전지도 조사항목

## ◯ 범죄위험 요소

- 사람들이 잘 다니지 않는 좁고 복잡한 골목길
- 주변에서 잘 보이지 않는 건물 사이공간
- 폐쇄적인 공사현장, 재개발재건축 현장
- 가로등과 방범등 같은 조명이 부족한 공간 및 도로
- 인적이 드문 곳에 위치한 공지 및 폐가
- 내부를 확인할 수 없는 주차공간(건물 1층 등)
- 주택(담장) 주변 주차 밀집구역
- 주민이용이 적은 휴게, 운동공간
- 주야간 불량청소년 밀집 공간

## ◯ 범죄안전 요소

- 경찰서, 지구대, 방범초소 등 방범시설이 위치한 공간
- CCTV, 비상벨과 같은 방범시설이 설치된 공간
- 주민센터, 소방서, 병원 등 공공시설(관공서) 밀집지역
- 아동안전지킴이집, 마을회관 등 긴급시 도움요청 공간
- 편의점, 슈퍼, 약국 등 주민이용 많은 생활공간
- 공원, 운동시설 등 주민이용 많은 여가공간
- 개발(환경개선)할 경우 주민이용 가능성이 높은 공간

# 안전지도 제작(진행)과정

**배경지도 준비**

- 인터넷(포털사이트)에서 골목길과 건물 등이 표현되는 조사범위 결정
- A1지도로 출력 또는 A3지도로 출력 후 이어 붙이기

**현장조사 내용표시**

- 단위건물 : 점으로 표시
- 건물이 밀집한 구역 : 면으로 표시
- 골목길 : 선으로 표시

**주민인터뷰**

- 편의점, 슈퍼, 약국, 세탁소 등 지역 현황을 잘 알고 있는 주민 인터뷰
- 범죄발생 공간, 범죄불안 공간, 기타 위험요인에 대한 인터뷰 내용 기록(메모장)

**내용정리**

- 조사 현장에서 간단하게 정리한 내용을 현장조사가 끝난 뒤 범죄위험, 범죄안전 요소에 대해서 구체적으로 기록

**최종안전지도**

- 정해진 양식에 따라 현장사진, 조사내용 등을 정리한 최종안전지도 제작

# 안전지도 제작을 위한 배경지도

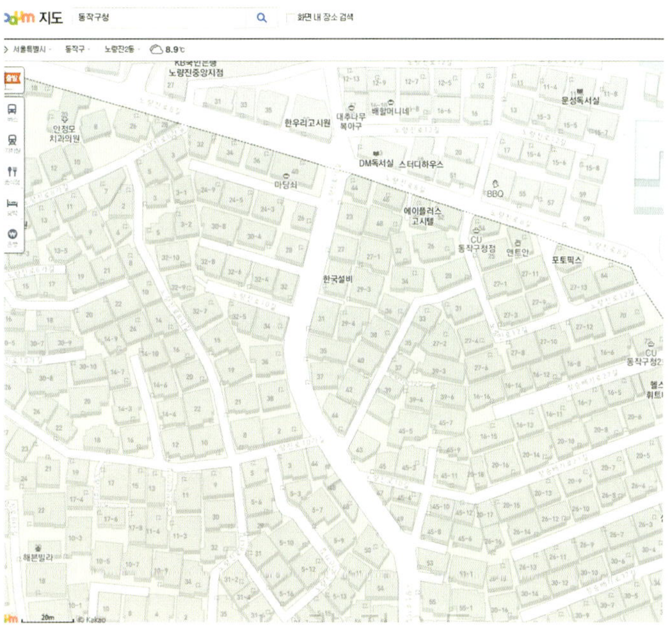

**지번지도**
내용기록이 용이

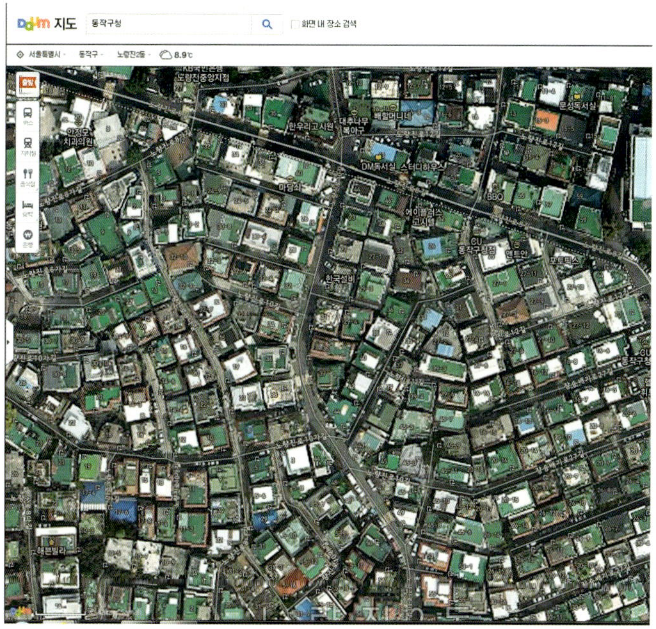

**위성지도**
위치확인이 용이

# 안전지도 제작시 주의사항

### 1. 조사목적을 명확히 할 것

- 범죄안전지도 제작(민원 제기용 지도가 될 경우 정보가 혼재될 수 있음)

### 2. 범죄유형을 명확히 할 것

- 막연하게 범죄로부터 위험하다라고 표현하지 말 것
- 범죄유형을 정확하게 구분 : 대인범죄, 대물범죄, 침입범죄, 노상범죄
- 범죄가 발생한 장소와 불안감이 높은 장소를 구분해서 표현

### 3. 조사범위 및 내용을 명확히 할 것

- 적정 인원이 조사할 수 있는 범위를 설정
- 방치되었거나 개선되는 좋은 공간 및 시설물을 함께 조사
- 기존 방범시설(CCTV, 비상벨 등)의 현황조사 : 오작동 여부 포함
- 조사내용은 점, 선, 면으로 구분해서 표현

### 4. 조사시간을 명확히 할 것

- 주간, 야간조사에 따라 내용이 달라짐에 주의

# 안전지도 제작시 주의사항_점, 선, 면 표현

**점**

- 대상 : 단위건물, 단위공간
- 표현방법 : 점 표시 또는 픽토그램(스티커) 표시

**선**

- 대상 : 골목길
- 표현방법 : 해당 골목길에 선으로 표시

**면**

- 대상 : 골목길로 이어지는 블록, 건물이나 공간이 밀집한 공간
- 표현방법 : 구역에 선을 연결한 면으로 표시

# 안전지도 제작시 주의사항_색상으로 표현

| 구분 | 색상 | 요소 | 내용 |
|---|---|---|---|
| 위험 | 위험 | 직접 위험 요소 | 범죄가 발생한 공간, 주변에서 잘 안 보이는 건물 사이 공간(출입통제가 안 되는 경우)<br>내부를 확인할 수 없는 주차공간(건물 1층)<br>인적이 드문 곳에 위치한 공폐가, 공사현장(재건축현장) |
| | 주의 | 간접 위험 요소 | 좁고 복잡한 골목길, 주야간 불량 청소년 밀집 골목길<br>가로등과 방범등이 부족한 골목길, 주택(담장) 주변 주차 밀집구역<br>주민이용이 적은 휴게 및 운동공간 |
| 안전 | 안전 | 직접 보호 시설 | 파출소, 지구대, 경비실<br>CCTV, 비상벨 |
| | 보호 | 간접 보호 시설 | 공공시설(소방서, 주민센터, 마을회관, 아동안전지킴이집)<br>생활편의시설(편의점, 슈퍼, 약국)<br>여가시설(공원, 운동, 휴게) |

# 안전지도 사례

1 : 청소년 일탈행위장소
2 : 조명이 필요한 장소
3 : 쓰레기 방치공간
4 : 쓰레기 방치공간
5 : 야간 불안한 골목길
6 : 범죄발생 공간
7 : 주민 인터뷰 결과 소매치기 발생
8 : 꺾인 지점으로 조명과 안전거울이 필요
9: 유흥업소 밀집구역
10 : 안심지킴이집(편의점)
11 : CCTV와 비상벨
12 : CCTV
13 : 방범초소
14: 주민휴게 및 운동공간
15 : 24시간 편의점(무인택배함)

**oo동 안전지도 : 1조**

**조사인원 : 3명**
**조사시간 : 주간(2시~4시)**

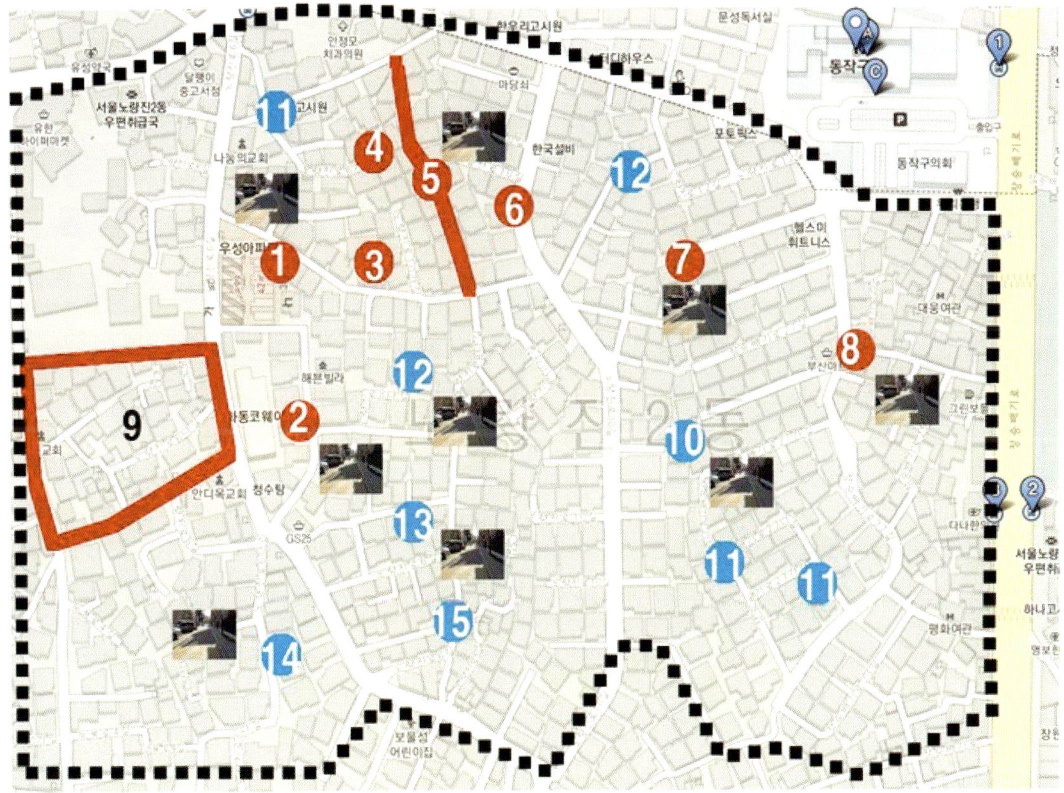

# 마인드 맵
## (30분)

"마음속에 지도를 그리듯이
주요 줄거리와 내용을 이해하며 정리하는 방법"

---

**키워드 : 범죄(불안감)**

**[ 설명(개념이해) 후 조원끼리 토론하며 마인드 맵을 작성 ]**

- 종이의 중심에서 시작해서 연상되는(떠오르는) 단어를 차례로 나열
- 각각의 단어는 중심에서 바깥으로 퍼져나가는 구조로 정리(가지치기)
- 각각의 단어 옆에 관련 이미지(그림) 그리기

LAPS

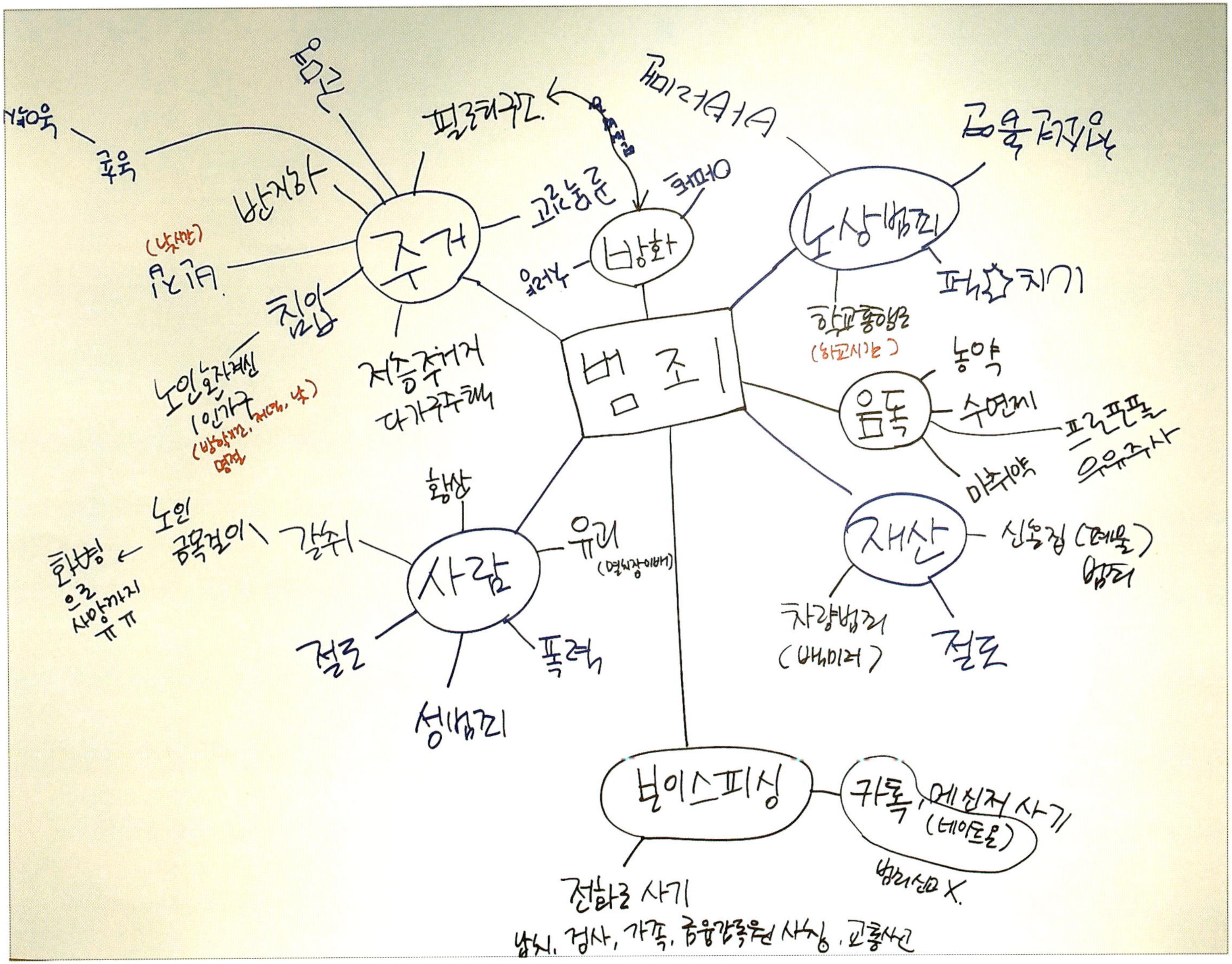
범죄
주거
침입
저층주거
다가구주택
방화
노상범죄
퍽치기
유독
농약
수면제
프로포폴
우유주사
재산
차량범죄
(백미러)
절도
사람
갈취
유괴
폭력
성범죄
절도
보이스피싱
전화로 사기
납치, 검사, 가족, 금융감독원 사칭, 교통사고
카톡, 메신저 사기
(네이트온)
범죄신고 X.

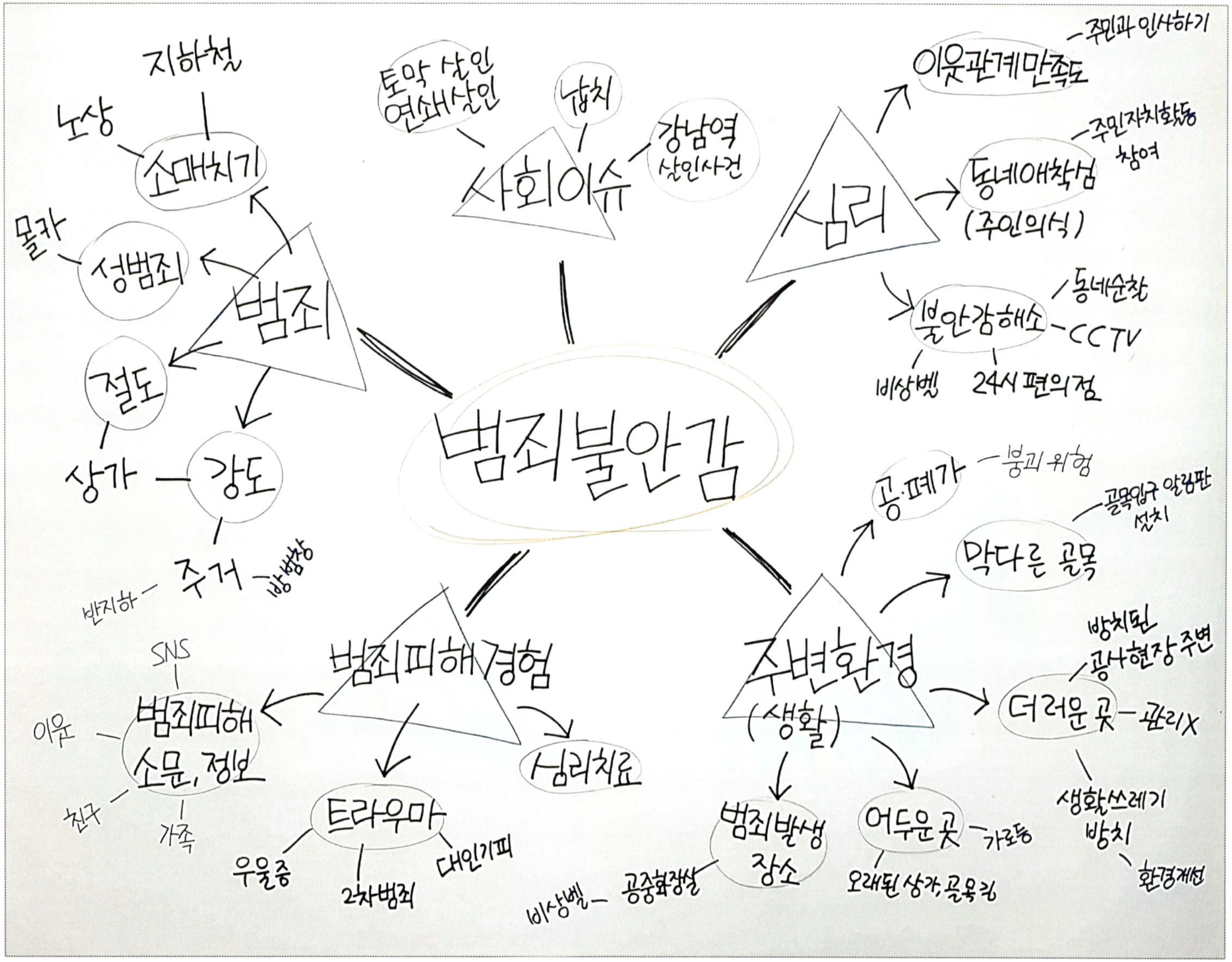
범죄불안감
범죄
소매치기
지하철
노상
성범죄
몰카
절도
강도
상가
주거
반지하
방범창
사회이슈
토막 살인
연쇄살인
납치
강남역
살인사건
심리
이웃관계만족도
주민과 인사하기
동네애착심
(주인의식)
주민자치활동
참여
불안감해소
동네순찰
CCTV
비상벨
24시 편의점
범죄피해경험
범죄피해
소문, 정보
SNS
이웃
친구
가족
트라우마
우울증
2차범죄
대인기피
심리치료
주변환경
(생활)
공·폐가
붕괴 위험
막다른 골목
골목입구 안내판
설치
더러운 곳
관리X
방치된
공사현장 주변
생활쓰레기
방치
환경개선
범죄발생
장소
공중화장실
비상벨
어두운 곳
가로등
오래된 상가, 골목길

조별로 작성해주세요!

범죄

(또는 범죄불안감)

# 브레인 스토밍
## (40분)

"한 가지 문제를 놓고 여러 사람이 다양한 아이디어를
제시하고 최선의 대안을 도출하는 방법"

---

키워드 : 범죄문제 + 예방대책
(침입, 노상, 대인, 대물범죄)

**[ 자유토론 이후 포스트잇에 내용 정리 ]**

- 진행 : 1인, 기록 : 1인, 발표 및 토론 : 조원 모두
- 1원칙 : 자유로운 분위기 유지
- 2원칙 : 많은 아이디어 제시(아이디어의 좋고 나쁨의 판단을 하지 말 것, 질보다 양!)
- 3원칙 : 비판하지 않기(상대방의 내용 존중), 다른 사람의 아이디어 이어가기
- 4원칙 : 종합해서 결론내기(서로의 아이디어를 종합해서 최선의 대안을 도출)

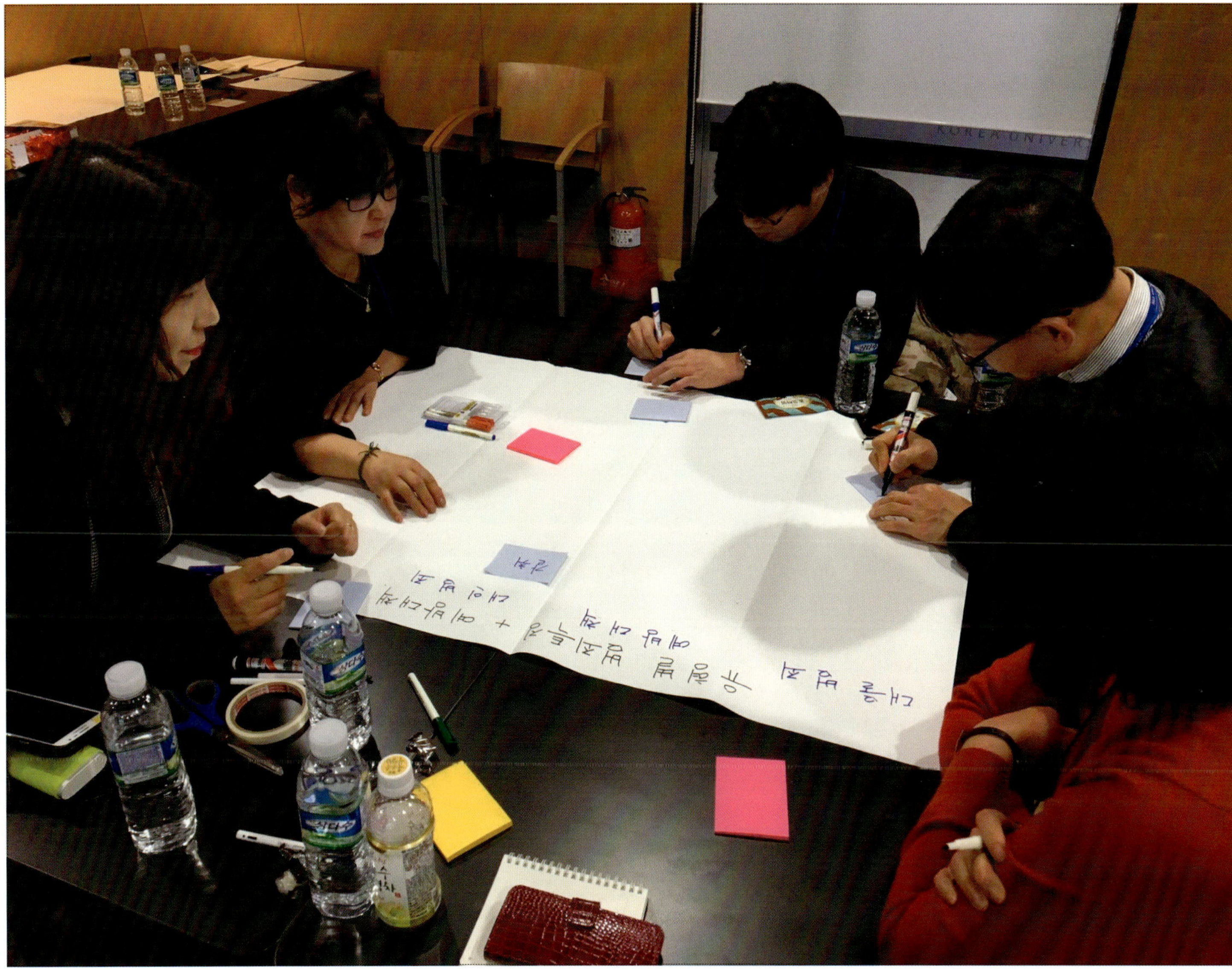

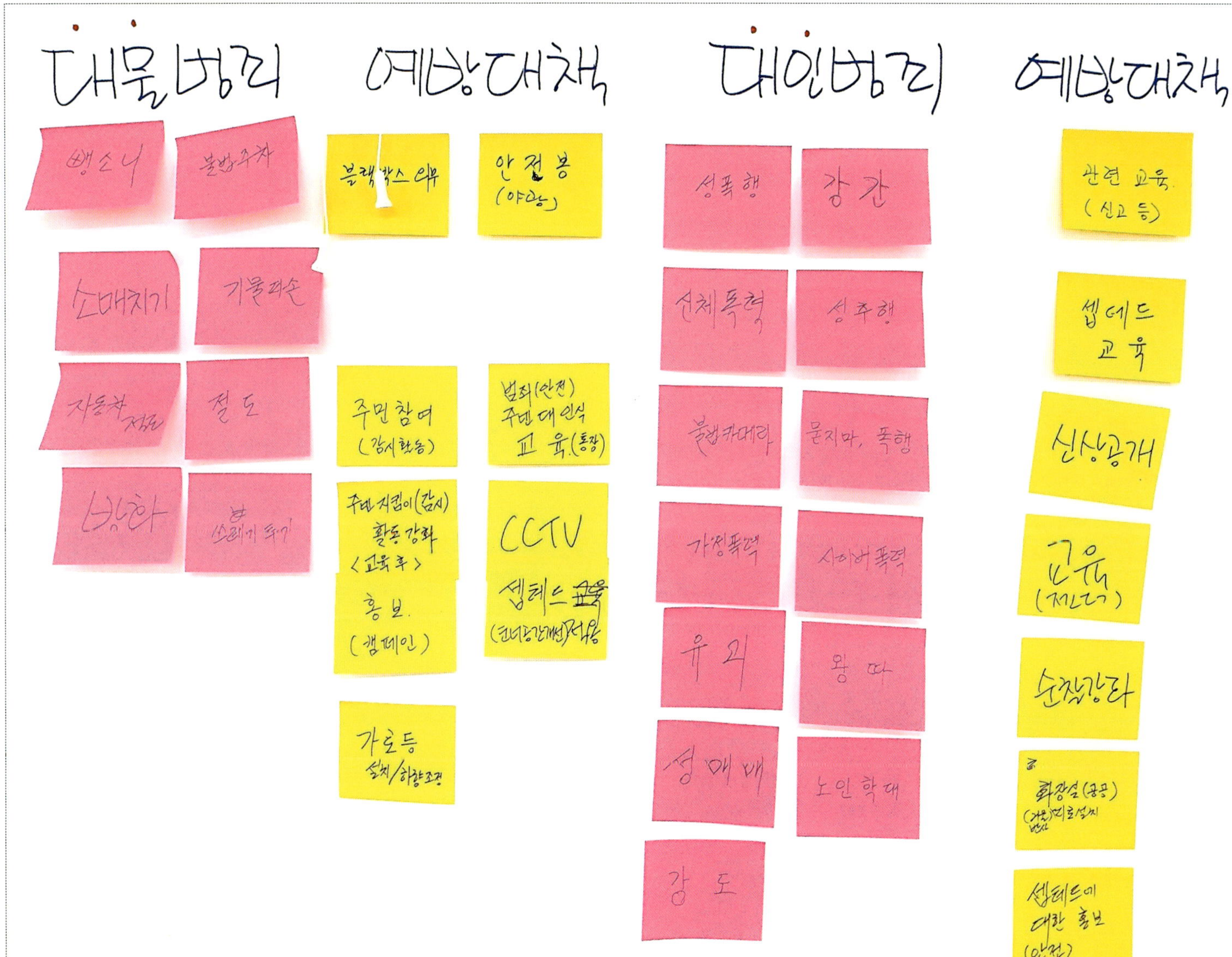


매뉴얼 구성과 활용

범죄 예방 디자인

커뮤니티 맵핑 워크숍

디자인 게임 워크숍

부록

침입범죄
예방대책
노상범죄
예방 대책
반지하침입
신축집
1인가구집 침입
빈집털이
스마트키 취약
배달원사칭
택배
담장
필로티
농촌
노인가구
무인보관함
투시형담장
CCTV +조명설치
노상방뇨
바바리맨
퍽치기
유괴
몰카
차량절도
지하철. 버스 성추행
방화
묻지마 폭행
뺑소니
비상벨
무반응

조별로 작성해주세요!

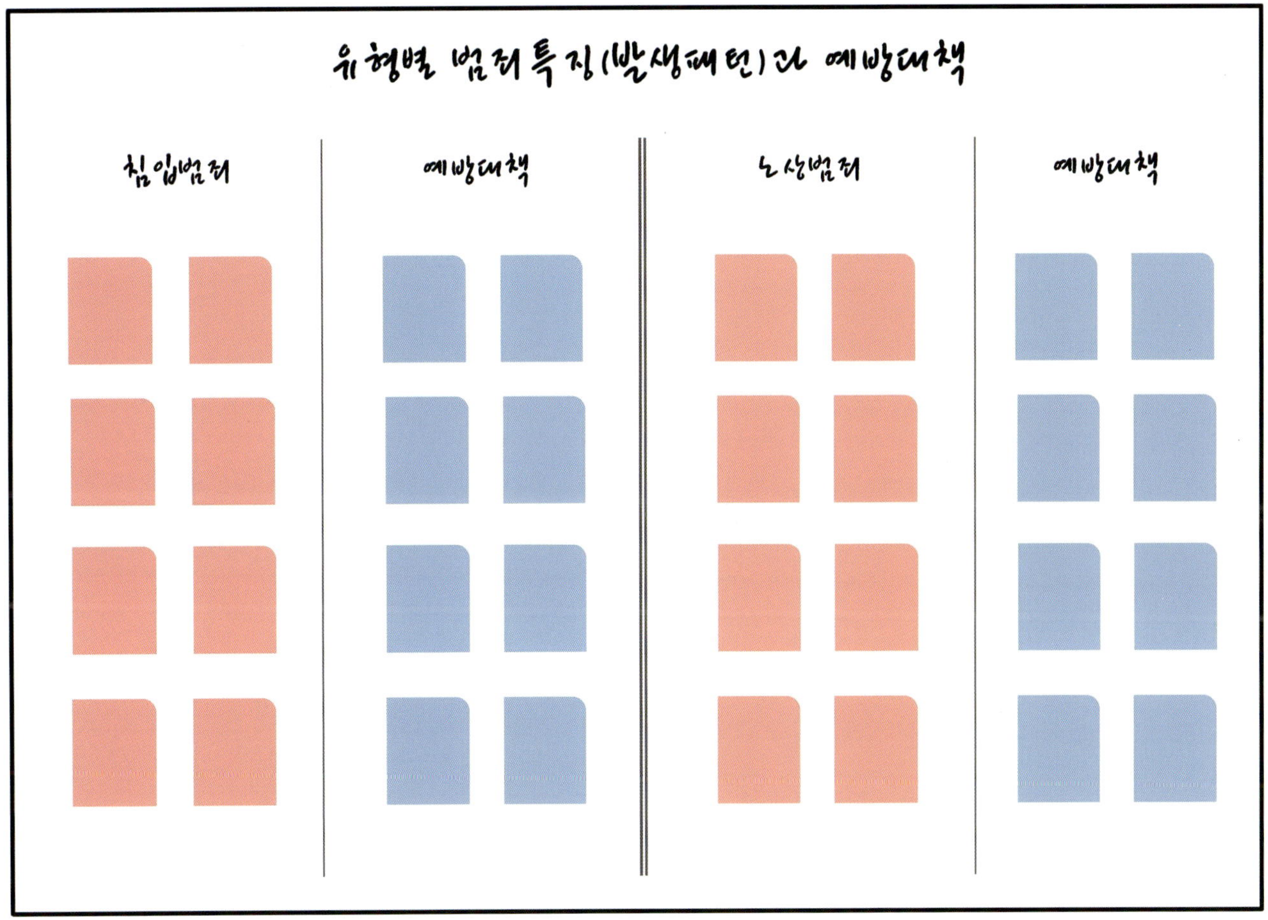

조별로 작성해주세요!

## 유형별 범죄특징(발생패턴)과 예방대책

| 대물범죄 | 예방대책 | 대인범죄 | 예방대책 |
| --- | --- | --- | --- |

# 일상활동 맵
## (30분)

"특정인을 설정해서 성격과 특징, 그리고
일상을 시간과 장소별로 기록해서 특성을 분석하는 방법"

키워드 : 개인, 생활패턴, 시간, 장소

[ 인물의 특성 파악 및 정리, 시간/장소별 취약지점 파악 및 정리) ]

- 진행 : 1인, 기록 : 1인, 발표 및 토론 : 조원 모두
- 특정인 : 조원 중 1인 또는 가상의 인물(범죄예방 대책이 필요한 인물 설정)
- 성별, 연령, 성격, 직업, 취미, 관심사, 생활패턴 등 인물의 배경 정리
- (평일 기준) 집 ➡직장(학교 포함) ➡특정 장소(여가 포함) ➡집으로 돌아오는 일상 정리
- 시간 및 장소별 활동 특성과 각 상황에서 발생할 수 있는 범죄 또는 위험요인 규명
- 범죄 및 위험요인에 필요한 대안은 제시하지 않음(아이디어 맵에서 진행)

## I. 특정인의 특성

가치관/관심사

직업/취미/활동

성장배경/성격

능력/생활영역/환경

## II. 특정인의 일상

### ❶ 초등학생

- 일찍 자고 일찍 일어남
- 8시 등교, 3시 하교
- 집에 오는 길에 편의점 방문
- 친구들과 오락실에서 놀기
- 가끔 놀이터에서 놀기
- 주 3회 보습학원 다님
- 평균 6시 귀가

### ❷ 혼자 사는 여성

- 늦게 자고 일찍 일어남
- 7시 출근, 6시 퇴근
- 매일 어학원 및 편의점 방문
- 친구들과 정기 모임(10시 귀가)
- 월 2회 마트 방문(주말 오후)
- 월 1회 부서 회식(12시 귀가)
- 평균 9시 귀가

### ❸ 노인

- 일찍 자고 일찍 일어남
- 새벽 5시 30분 약수터 방문
- 10시 출근, 4시 퇴근(공공근로)
- 매일 오후 목욕탕 방문
- 주 1회 전통시장 방문(주말 오후)
- 주 1회 등산 가족모임(9시 귀가)
- 평균 6시 귀가

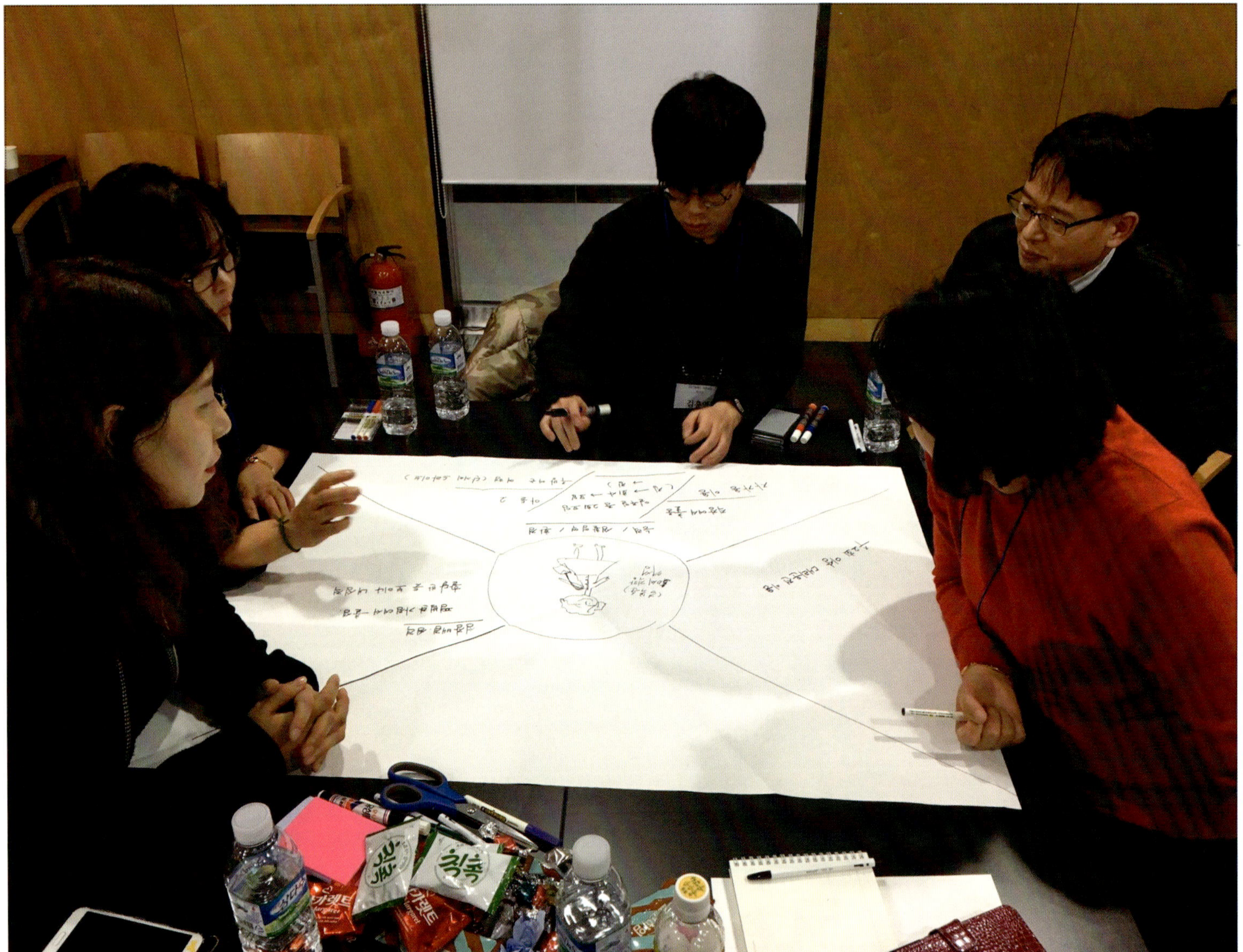

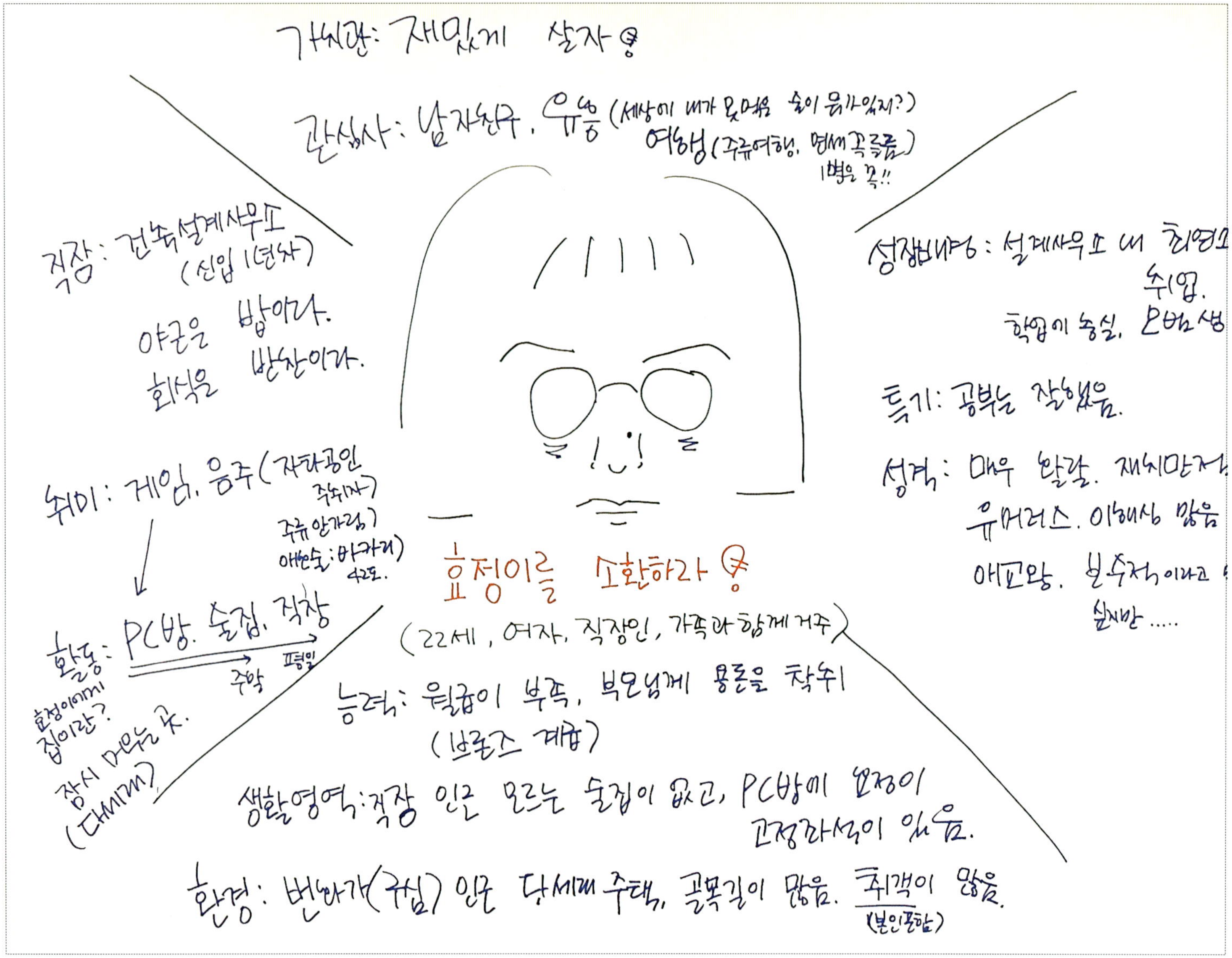
가치관: 재밌게 살자♥
관심사: 남자친구, 음주 (세상에 내가 못먹을 술이 뭐가있지?)
여행 (주류여행, 면세 꼭 즐김)
1병은 꼭!!
직장: 건축설계사무소
(신입 1년차)
야근은 밥이다.
회식은 반찬이다.
성장배경: 설계사무소 내 최연소
취업.
학업이 충실, 모범생
특기: 공부는 잘했음.
성격: 매우 활발. 재치만점.
유머러스. 이해심 많음
애교왕. 보수적이라고
실제반.....
취미: 게임, 음주 (자타공인
주취자)
주유 안가림)
애정술: 마카리
42도.
활동: PC방, 술집, 직장
주말
평일
효정이에게 집이란?
잠시 머무는 곳.
(다시깨)
효정이를 소환하라♥
(22세, 여자, 직장인, 가족과 함께 거주)
능력: 월급이 부족, 부모님께 용돈을 착취
(브론즈 계급)
생활영역: 직장 인근 모르는 술집이 없고, PC방에 효정이
고정좌석이 있음.
환경: 번화가(구십) 인근 다세대주택, 골목길이 많음. 취객이 많음.
(본인포함)

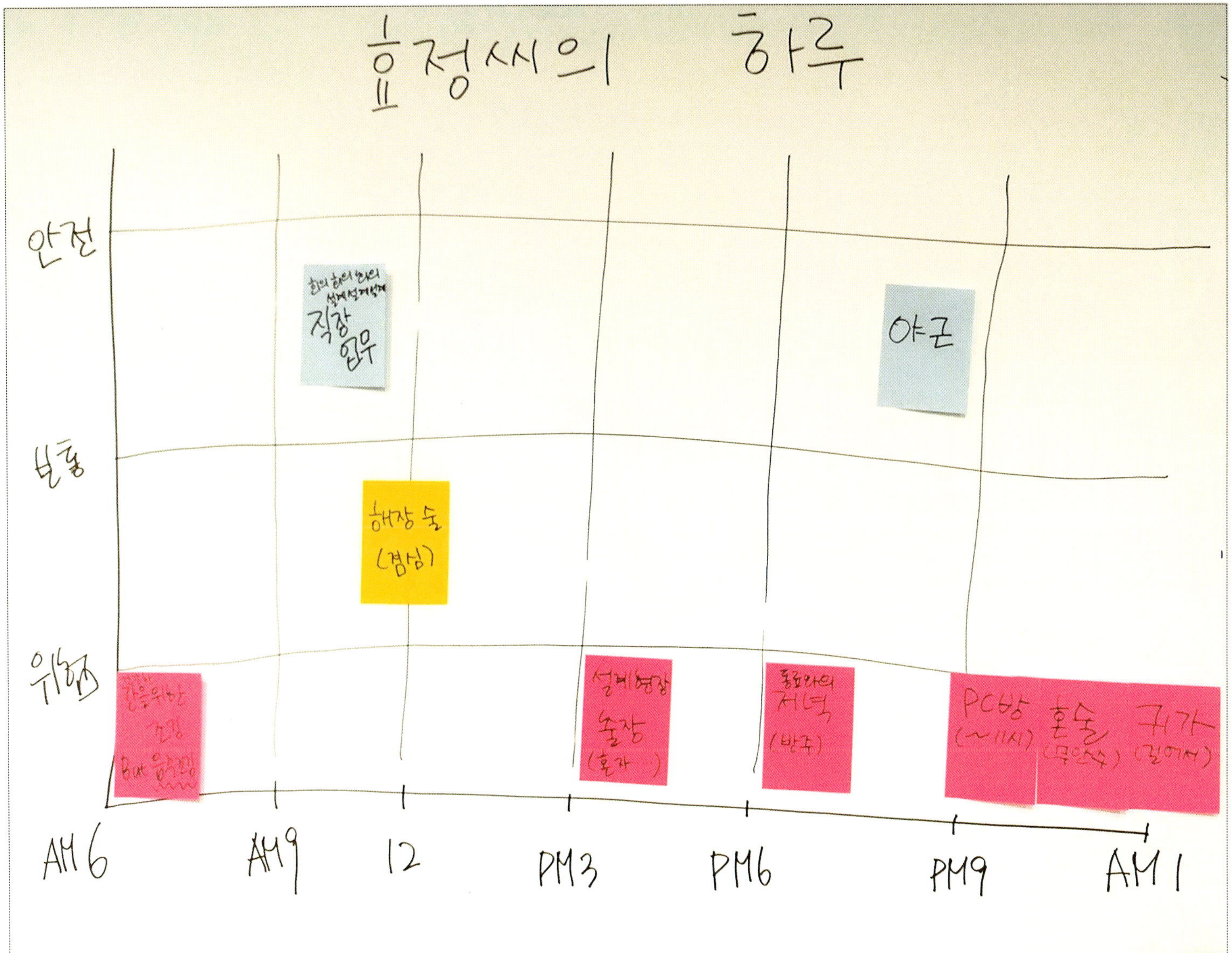
효정씨의 하루
안전
보통
위험
직장 업무
야근
해장술
(점심)
PC방
(~11시)
혼술
귀가
(걸어서)
AM6
AM9
12
PM3
PM6
PM9
AM1

조별로 작성해주세요!

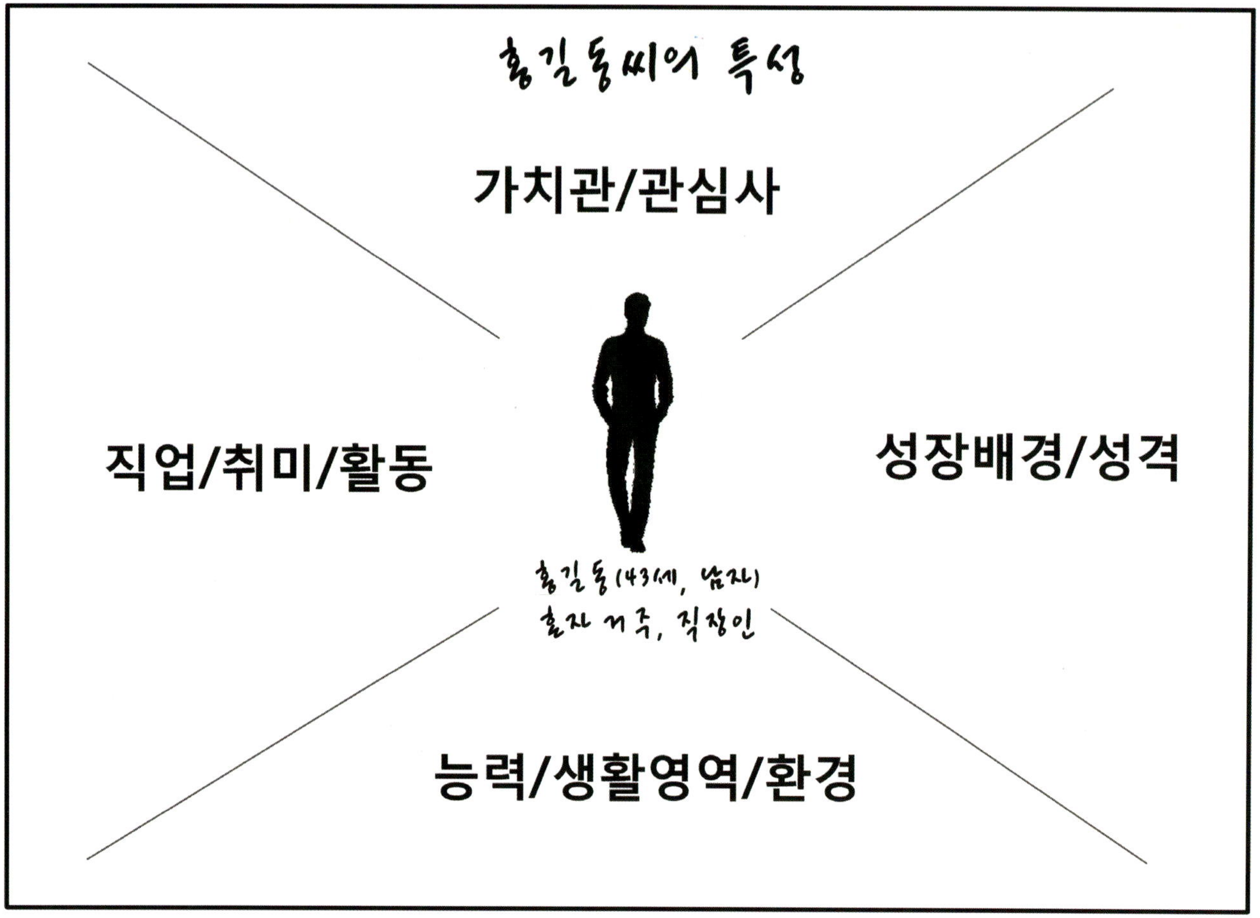

조별로 작성해주세요!

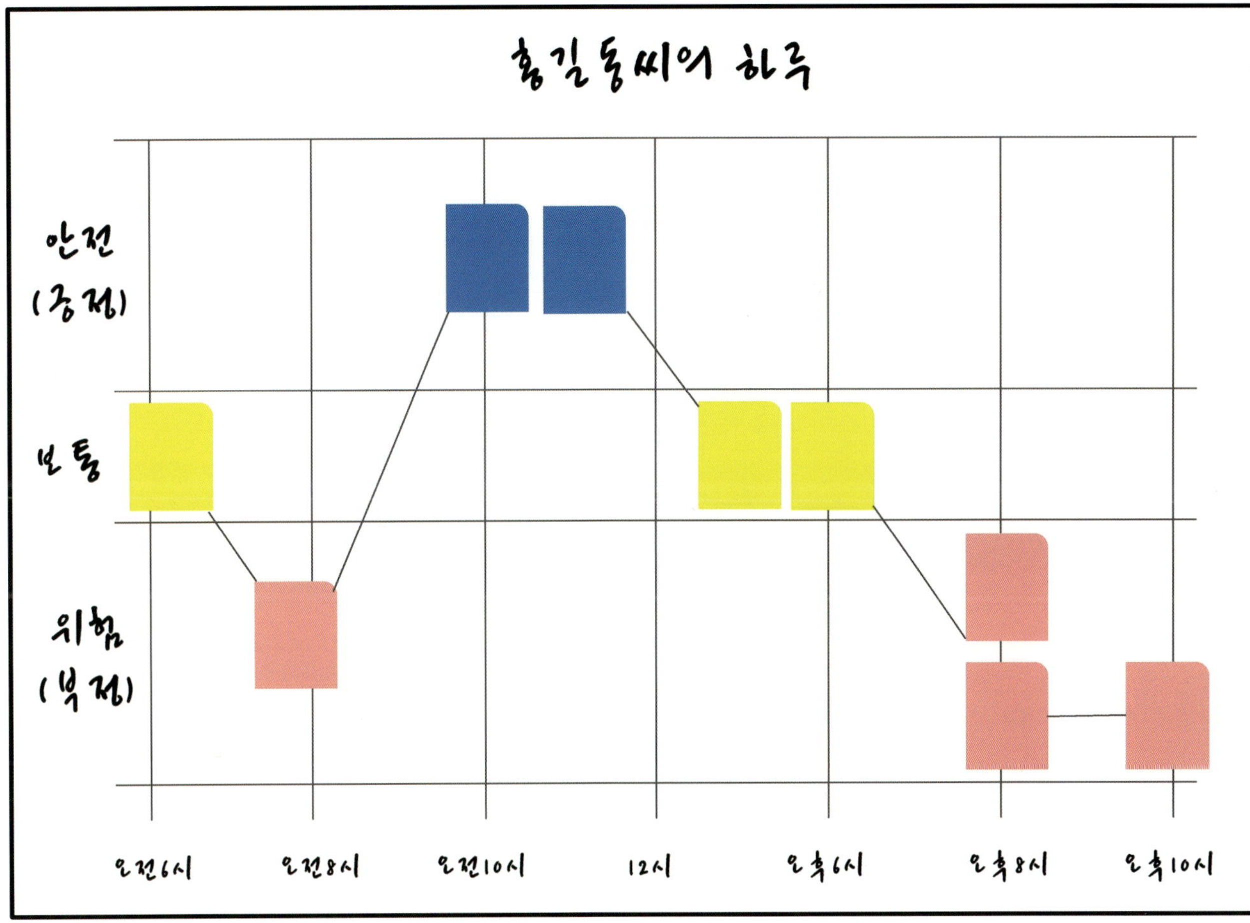

# 아이디어 맵
## (30분)

"범죄에 취약한 사람 또는 공간에 필요한
맞춤형 범죄예방디자인 전략을 도출하는 방법"

---

**키워드 : 감시, 접근통제, 영역성, 활용성, 유지관리**

**[ 일상활동 맵에서 규명된 취약요인 대응 방안 토론 후 아이디어 카드 선택 ]**

- 진행 : 1인, 기록 : 1인, 발표 및 토론 : 조원 모두
- 이전 단계(일상활동 맵)에서 특정인에 대한 토론 결과를 활용
- CPTED 아이디어 카드를 보면서 시간대 및 장소별 범죄예방 아이디어 도출
- 선택된 아이디어 카드가 왜 필요한지를 논의하고 정리

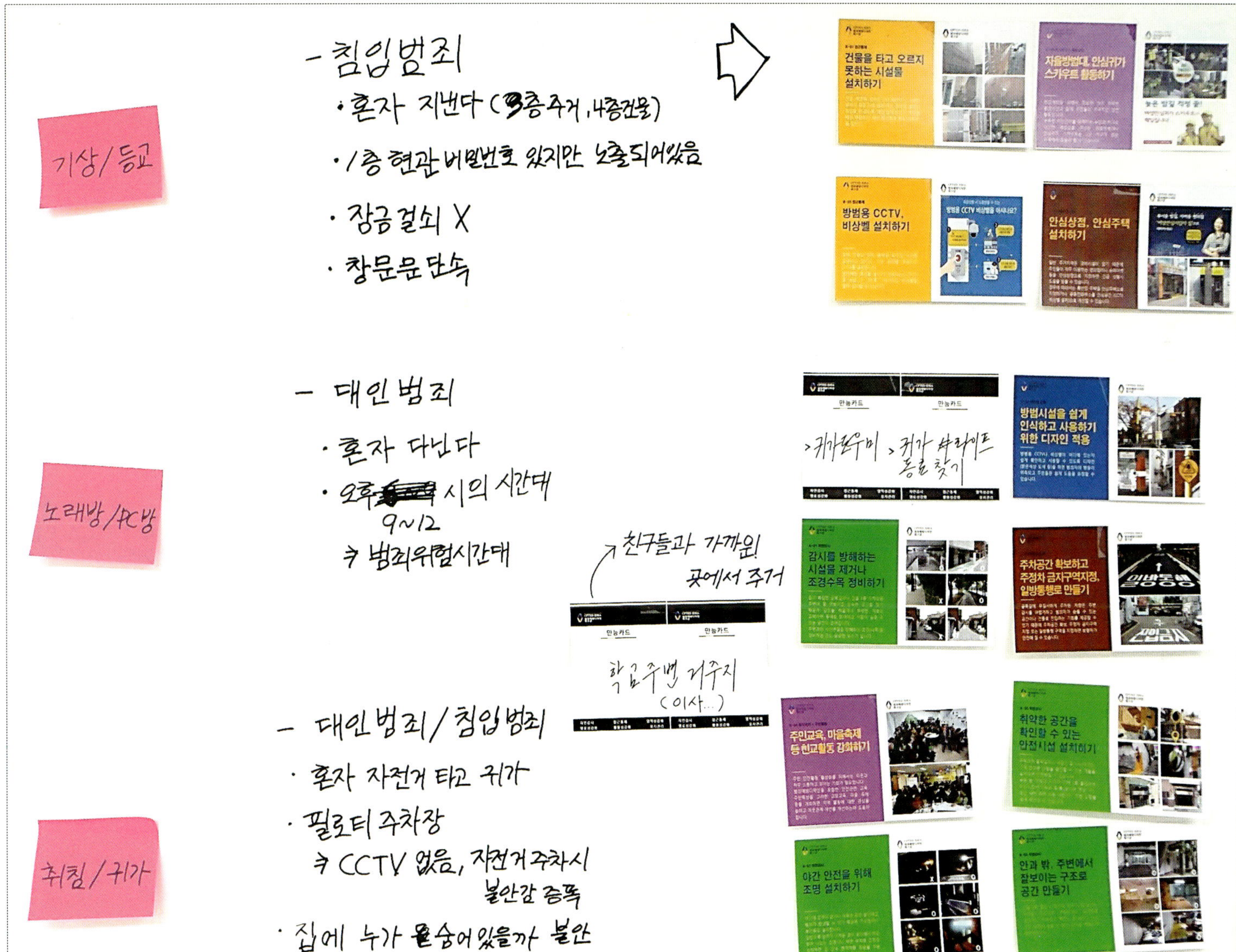
기상/등교
- 침입범죄
• 혼자 지낸다 (3층 주거, 4층건물)
• 1층 현관 비밀번호 있지만 노출되어있음
• 잠금걸쇠 X
• 창문문단속
건물을 타고 오르지 못하는 시설물 설치하기
자율방범대, 안심귀가 스카우트 활동하기
방범용 CCTV, 비상벨 설치하기
안심상점, 안심주택 설치하기
노래방/PC방
- 대인범죄
• 혼자 다닌다
• 오후 시의 시간대
9~12
→ 범죄위험시간대
만능카드
방범시설을 쉽게 인식하고 사용하기 위한 디자인 적용
친구들과 가까운 곳에서 주거
만능카드
학교주변 거주지 (이사...)
감시를 방해하는 시설을 제거하거나 조경수목 정비하기
주차공간 확보하고 주정차 금지구역지정, 일방통행로 만들기
취침/귀가
- 대인범죄/침입범죄
· 혼자 자전거 타고 귀가
· 필로티 주차장
→ CCTV 없음, 자전거 주차시 불안감 증폭
· 집에 누가 숨어있을까 불안
주민교육, 마을축제 등 친교활동 강화하기
취약한 공간을 확인할 수 있는 안전시설 설치하기
야간 안전을 위해 조명 설치하기
안과 밖, 주변에서 잘보이는 구조로 공간 만들기

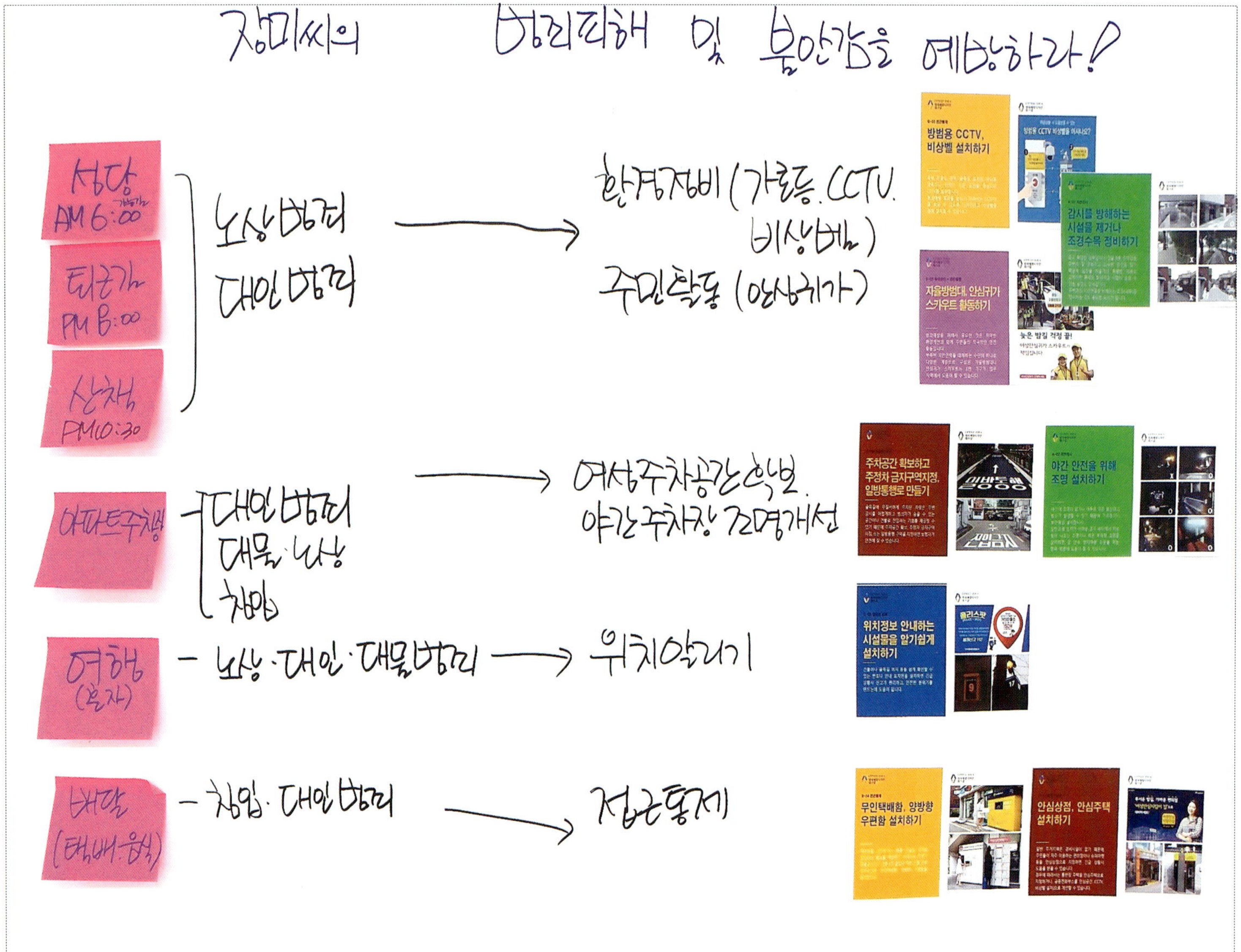

장미씨의 범죄피해 및 불안감을 예방하라!
성당 AM 6:00
퇴근길 PM 8:00
산책 PM 10:30
노상범죄
대인범죄
환경정비 (가로등, CCTV, 비상벨)
주민활동 (안심귀가)
방범용 CCTV, 비상벨 설치하기
감시를 방해하는 시설물 제거하거나 조경수목 정비하기
자율방범대, 안심귀가 스카우트 활동하기
늦은 밤길 걱정 끝!
아파트주차장
대인범죄
대물·노상
침입
여성주차공간 확보
야간주차장 조명개선
주차공간 확보하고 주정차 금지구역지정, 일방통행로 만들기
야간 안전을 위해 조명 설치하기
여행 (부재)
- 노상·대인·대물범죄
위치알리기
위치정보 안내하는 시설물을 알기쉽게 설치하기
배달 (택배·음식)
- 침입·대인범죄
접근통제
무인택배함, 양방향 우편함 설치하기
안심상점, 안심주택 설치하기

조별로 작성해주세요!

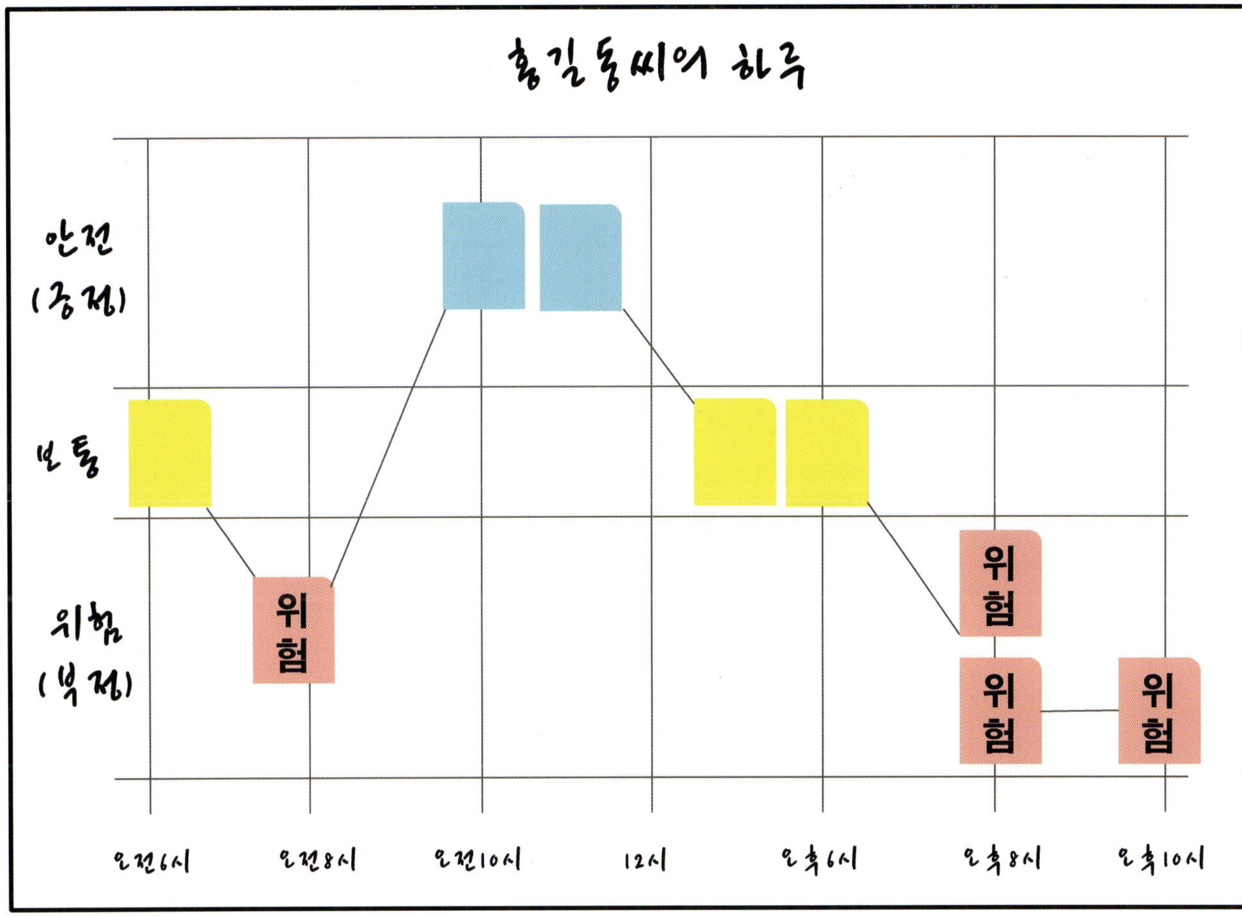

홍길동씨의 하루
안전 (긍정)
보통
위험 (부정)
위험
위험
위험
위험
오전6시
오전8시
오전10시
12시
오후6시
오후8시
오후10시

조별로 작성해주세요!

<홍길동씨의 OO 범죄피해 및 불안감을 예방하라!>

**위험**
- 침입범죄 (왜 위험한지 요약) — 접근통제
  - 배관 덮개 설치
  - 1층 무인 택배함 설치

**위험**
- 대인범죄(야간귀가) — 주민활동 — 안심귀가스카우트

**위험**
- 청소년 일탈행위 불안감
  - 자연감시 — 놀이터 조경수목 정비하기
  - 접근통제 — 건물사이 투시형 출입문
  - 활동성강화 — 방치된 공간 운동시설 설치

[ 부록 3 ]

# 범죄예방디자인 아이디어 카드

점선을 따라 잘라서 카드로 사용하세요

CPTED IDEA
범죄예방디자인
워크샵

A-01 자연감시

## 주변과 시선연결을 방해하거나 사람이 숨을 수 있는 환경 개선

좁고 복잡한 골목길이나 건물 1층 주차장은 주변이 잘 안보이고 으슥한 공간도 많기 때문에 담장을 허물거나 투명한 재료로 교체하면 동네도 밝아지고 범죄자가 숨을 수 있는 공간도 없어집니다.
주변과의 시선연결을 방해하는 조경(나무)을 정비하는 것도 중요한 요소가 됩니다.

CPTED IDEA
범죄예방디자인
워크샵

CPTED IDEA
범죄예방디자인
워크샵

A-02 자연감시

## 야간 안전을 위한 조명시설 설치하기

야간에 조명이 없거나 어두운 곳은 불안하고 범죄가 발생할 수 있기 때문에 가로등이나 보안등을 설치합니다.
일반조명 설치가 어려운 경우 바닥에서 위로 빛이 나오는 조명이나 벽면 부착형 조명을 설치하면 길 안내, 반지하층 창문을 여는 행위 예방에 도움이 될 수 있습니다.

CPTED IDEA
범죄예방디자인
워크샵

점선을 따라 잘라서 카드로 사용하세요

CPTED IDEA
범죄예방디자인 워크샵

A-03 자연감시

## 범죄에 취약한 공간을 쉽게 확인할 수 있는 안전시설 설치하기

구부러진 골목길이나 사람이 잘 다니지 않는 곳에 반대편 상황을 확인할 수 있는 거울을 설치하면 안전해질 수 있습니다.
늦은 밤 다세대, 다가구 주택 1층 출입문에 미러시트(반사유리 등)를 붙이면 문을 여는 동안 뒤에 따라 오는 사람이나 주변 상황을 쉽게 확인할 수 있습니다.

CPTED IDEA
범죄예방디자인 워크샵

CPTED IDEA
범죄예방디자인 워크샵

A-04 자연감시

## 놀이터, 휴게 및 운동 공간을 주변에서 잘 보이는 곳에 배치하기

놀이터, 휴게 및 운동공간이 외진 곳이나 주민들이 잘 다니지 않는 곳에 있으면 위험해질 수 있기 때문에 자주 이용할 수 있는 곳이나 주변에서 잘 보이는 곳에 배치하면 안전합니다.

CPTED IDEA
범죄예방디자인 워크샵

점선을 따라 잘라서 카드로 사용하세요

CPTED IDEA
범죄예방디자인 워크샵

A-05 자연감시

## 안과 밖, 주변에서 잘 보이는 구조로 공간 만들기

건물 1층 출입구 내부와 외부가 잘 보이는 구조로 단순하게 계획하거나 유리문을 설치하고, 지하공간 벽면도 잘 보이는 구조 또는 사람이 숨을 수 없는 구조로 계획하면 안전해집니다.

CPTED IDEA
범죄예방디자인 워크샵

CPTED IDEA
범죄예방디자인 워크샵

B-02 접근통제

## 건물 사이, 외진공간, 공폐가에 출입통제 시설물 설치하기

건물사이 좁은공간, 공폐가, 빈집, 주민 이용이 적고 외진 공간은 낮에도 불안감을 조성하거나 범죄가 발생할 수 있기 때문에 사람이 들어갈 수 없는 시설물 (가림막, 투시형 출입문 등)을 설치합니다.

CPTED IDEA
범죄예방디자인 워크샵

점선을 따라 잘라서 카드로 사용하세요

CPTED IDEA 범죄예방디자인 워크샵

B-03 접근통제

# 방범용 CCTV, 비상벨 설치하기

동네 진출입 영역, 골목길 교차점, 막다른 골목이나 인적이 드문 공간을 중심으로 CCTV를 설치합니다.
범죄예방 효과를 높이기 위해서는 CCTV가 잘 보일 수 있도록 디자인하고 비상벨을 함께 설치하는 것이 좋습니다.

CPTED IDEA 범죄예방디자인 워크샵

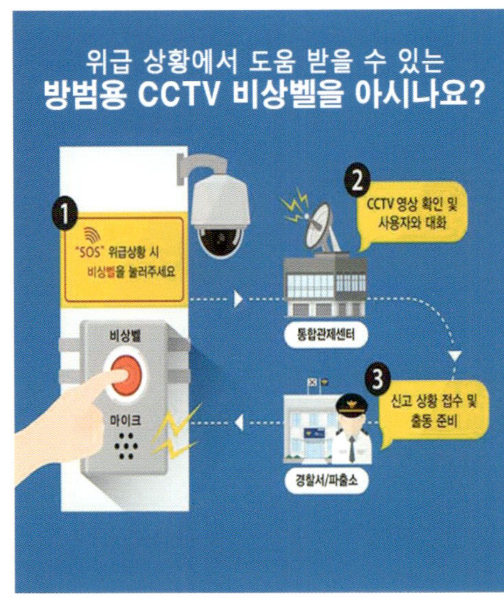


CPTED IDEA 범죄예방디자인 워크샵

B-04 접근통제

# 무인택배함, 양방향 우편함 설치하기

택배원을 가장하거나 물품 전달을 핑계로 침입하는 범죄를 예방하기 위해서는 주택가 공용공간이나 건물 1층 출입구 주변, 건물 하부 주차공간에 무인택배함, 양방향 우편함을 설치합니다.

CPTED IDEA 범죄예방디자인 워크샵

점선을 따라 잘라서 키드로 사용하세요

CPTED IDEA
범죄예방디자인 워크샵

C-01 영역성 강화

## 건물주변, 골목길을 정비하고 아름답게 꾸미기

오래된 건물이나 지저분한 골목길 관리를 위해서 담장과 벽면, 출입문은 주변과 어울리는 색상이나 장식물로 정비하고 화단을 설치하면 주민들의 책임의식과 안심감이 확산될 수 있습니다.

CPTED IDEA
범죄예방디자인 워크샵

CPTED IDEA
범죄예방디자인 워크샵

C-02 영역성 강화

## 안전정보, 지역소식을 전달하는 게시판 설치하기

동네로 진입하는 골목길 시작점이나 인적이 드문 외진 공간에 안전 정보(CCTV, 비상벨, 파출소 위치 등)와 지역 소식을 알려주는 게시판을 설치하면 위험상황 대응능력이 높아집니다.

CPTED IDEA
범죄예방디자인 워크샵

점선을 따라 잘라서 카드로 사용하세요

CPTED IDEA
범죄예방디자인 워크샵

C-03 영역성 강화

## 위치정보를 안내하는 시설물을 알기쉽게 설치하기

건물이나 골목길 위치 등을 쉽게 확인할 수 있는 번호나 안내 표지판을 설치하면 긴급 상황시 신고가 편리하고, 안전한 분위기를 만드는데 도움이 됩니다.

CPTED IDEA
범죄예방디자인 워크샵

CPTED IDEA
범죄예방디자인 워크샵

C-04 영역성 강화

## 방범시설을 쉽게 인식하고 사용할 수 있게 설치하기

방범용 CCTV나 비상벨이 어디에 있는지 쉽게 확인하고 사용할 수 있도록 디자인 (밝은색상 도색 등)을 하면 범죄자의 행동이 위축되고 주민들은 쉽게 도움을 요청할 수 있습니다.

CPTED IDEA
범죄예방디자인 워크샵

점선을 따라 잘라서 카드로 사용하세요

CPTED IDEA
범죄예방디자인 워크샵

D-01 활용성 강화

## 주민이 자주 이용하는 공간 및 시설 설치하기

주민들이 모여서 이야기도 나누고 쉴 수 있는 휴게시설, 벤치, 간이 운동시설, 마을 카페, 텃밭 등을 설치하면 공간을 이용 하면서 자연스럽게 주변도 감시할 수 있습니다.
방치된 유휴공간을 주민공간으로 개선하면 효과가 더 높아질 수 있습니다.

CPTED IDEA
범죄예방디자인 워크샵

CPTED IDEA
범죄예방디자인 워크샵

D-02 활용성 강화

## 긴급상황에서 이용 가능한 공간 만들기

주민들이 자주 이용하는 편의점이나 슈퍼마켓 등을 안심상점으로 지정하면 긴급 상황시 도움을 받을 수 있습니다.
일반주택 중에서도 안심주택을 지정하거나, 공중전화부스를 안심공간(CCTV, 비상벨이 설치된 공간)으로 개선하면 효과를 볼 수 있습니다.

CPTED IDEA
범죄예방디자인 워크샵

점선을 따라 잘라서 카드로 사용하세요

CPTED IDEA
범죄예방디자인 워크샵

D-03 활용성 강화

## 주차공간 확보, 주정차 금지구역 지정, 일방통행로 만들기

골목길에 무질서하게 주차된 차량은 주변 감시를 어렵게하고 범죄자가 숨을 수 있는 공간이나 건물로 진입하는 기회를 제공할 수 있기 때문에 주차공간 확보, 주정차 금지구역 지정, 또는 일방통행 구역을 지정하면 보행자가 안전해 질 수 있습니다.

CPTED IDEA
범죄예방디자인 워크샵

CPTED IDEA
범죄예방디자인 워크샵

E-01 유지관리+주민활동

## 쓰레기 분리수거 및 보관장소 만들기

쓰레기가 무질서하게 버려지거나 낙서로 지저분해진 환경은 지역 이미지를 부정적으로 만들고 각종 일탈행위가 발생할 수 있기 때문에 쓰레기 관리나 분리수거를 위한 시설물을 설치합니다.

CPTED IDEA
범죄예방디자인 워크샵

점선을 따라 잘라서 카드로 사용하세요

CPTED IDEA
범죄예방디자인 워크샵

E-02 유지관리+주민활동

## 주민과 정기적으로 청소하고 시설물 관리하기

이웃과 친목을 도모하고 골목길을 깨끗하게 관리하기 위해 청소나 시설물을 정기적으로 정비하면 지역이 안전해질 수 있습니다.
지저분한 낙서를 지우거나 방치된 시설물을 정리하는 것도 포함됩니다.

CPTED IDEA
범죄예방디자인 워크샵

CPTED IDEA
범죄예방디자인 워크샵

E-03 유지관리+주민활동

## 자율방범대, 안심귀가 스카우트 활동하기

범죄예방을 위해서 중요한 것은 취약한 환경개선과 함께 주민들의 적극적인 안전 활동입니다.
부족한 치안인력을 대체하는 수단의 하나로 다양한 주민들로 구성된 자율방범대나 안심귀가 스카우트는 1인 가구가 많은 지역에서 도움이 될 수 있습니다.

CPTED IDEA
범죄예방디자인 워크샵

늦은 밤길 걱정 끝!
여성안심귀가 스카우트가 책임집니다.

점선을 따라 잘라서 카드로 사용하세요

CPTED IDEA
범죄예방디자인
워크샵

E-04 유지관리+주민활동

## 주민교육, 마을축제 등 이웃과 친해지며 알아가는 활동하기

주민 안전활동 활성화를 위해서는 이웃과 자주 소통하고 모이는 기회가 필요합니다.
범죄예방디자인을 포함한 안전관련 교육, 주민특성을 고려한 교양교육, 마을 축제 등을 개최하면 지역에 대한 관심을 높이고 이웃관계를 개선하는데 도움이 됩니다.

CPTED IDEA
범죄예방디자인
워크샵

CPTED IDEA
범죄예방디자인
워크샵

만능카드

자연감시 명료성강화 | 접근통제 활용성강화 | 영역성강화 유지관리

CPTED IDEA
범죄예방디자인
워크샵

만능카드

자연감시 명료성강화 | 접근통제 활용성강화 | 영역성강화 유지관리

점선을 따라 잘라서 카드로 사용하세요

CPTED IDEA
범죄예방디자인 워크샵

만능카드

자연감시 명료성강화
접근통제 활용성강화
영역성강화 유지관리

CPTED IDEA
범죄예방디자인 워크샵

만능카드

자연감시 명료성강화
접근통제 활용성강화
영역성강화 유지관리

CPTED IDEA
범죄예방디자인 워크샵

만능카드

자연감시 명료성강화
접근통제 활용성강화
영역성강화 유지관리

CPTED IDEA
범죄예방디자인 워크샵

만능카드

자연감시 명료성강화
접근통제 활용성강화
영역성강화 유지관리

점선을 따라 잘라서 카드로 사용하세요

CPTED IDEA
범죄예방디자인 워크샵

A-01 자연감시

## 주변과 시선연결을 방해하거나 사람이 숨을 수 있는 환경 개선

좁고 복잡한 골목길이나 건물 1층 주차장은 주변이 잘 안보이고 으슥한 공간도 많기 때문에 담장을 허물거나 투명한 재료로 교체하면 동네도 밝아지고 범죄자가 숨을 수 있는 공간도 없어집니다.
주변과의 시선연결을 방해하는 조경(나무)을 정비하는 것도 중요한 요소가 됩니다.

CPTED IDEA
범죄예방디자인 워크샵

CPTED IDEA
범죄예방디자인 워크샵

A-02 자연감시

## 야간 안전을 위한 조명시설 설치하기

야간에 조명이 없거나 어두운 곳은 불안하고 범죄가 발생할 수 있기 때문에 가로등이나 보안등을 설치합니다.
일반조명 설치가 어려운 경우 바닥에서 위로 빛이 나오는 조명이나 벽면 부착형 조명을 설치하면 길 안내, 반지하층 창문을 여는 행위 예방에 도움이 될 수 있습니다.

CPTED IDEA
범죄예방디자인 워크샵

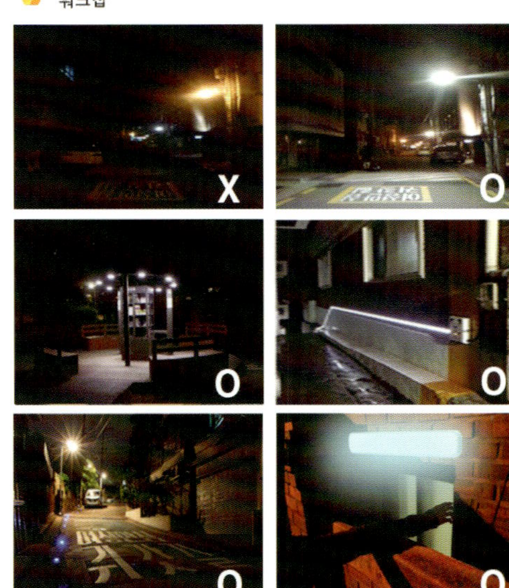

점선을 따라 잘라서 카드로 사용하세요

CPTED IDEA
범죄예방디자인 워크샵

A-03 자연감시

## 범죄에 취약한 공간을 쉽게 확인할 수 있는 안전시설 설치하기

구부러진 골목길이나 사람이 잘 다니지 않는 곳에 반대편 상황을 확인할 수 있는 거울을 설치하면 안전해질 수 있습니다.
늦은 밤 다세대, 다가구 주택 1층 출입문에 미러시트(반사유리 등)를 붙이면 문을 여는 동안 뒤에 따라 오는 사람이나 주변 상황을 쉽게 확인할 수 있습니다.

CPTED IDEA
범죄예방디자인 워크샵

CPTED IDEA
범죄예방디자인 워크샵

A-04 자연감시

## 놀이터, 휴게 및 운동 공간을 주변에서 잘 보이는 곳에 배치하기

놀이터, 휴게 및 운동공간이 외진 곳이나 주민들이 잘 다니지 않는 곳에 있으면 위험해질 수 있기 때문에 자주 이용할 수 있는 곳이나 주변에서 잘 보이는 곳에 배치하면 안전합니다.

CPTED IDEA
범죄예방디자인 워크샵

점선을 따라 잘라서 카드로 사용하세요

CPTED IDEA
범죄예방디자인 워크샵

A-05 자연감시

## 안과 밖, 주변에서 잘 보이는 구조로 공간 만들기

건물 1층 출입구 내부와 외부가 잘 보이는 구조로 단순하게 계획하거나 유리문을 설치하고, 지하공간 벽면도 잘 보이는 구조 또는 사람이 숨을 수 없는 구조로 계획하면 안전해집니다.

CPTED IDEA
범죄예방디자인 워크샵

CPTED IDEA
범죄예방디자인 워크샵

B-02 접근통제

## 건물 사이, 외진공간, 공폐가에 출입통제 시설물 설치하기

건물사이 좁은공간, 공폐가, 빈집, 주민 이용이 적고 외진 공간은 낮에도 불안감을 조성하거나 범죄가 발생할 수 있기 때문에 사람이 들어갈 수 없는 시설물 (가림막, 투시형 출입문 등)을 설치합니다.

CPTED IDEA
범죄예방디자인 워크샵

점선을 따라 잘라서 카드로 사용하세요

CPTED IDEA
범죄예방디자인 워크샵

B-03 접근통제

## 방범용 CCTV, 비상벨 설치하기

동네 진출입 영역, 골목길 교차점, 막다른 골목이나 인적이 드문 공간을 중심으로 CCTV를 설치합니다.
범죄예방 효과를 높이기 위해서는 CCTV가 잘 보일 수 있도록 디자인하고 비상벨을 함께 설치하는 것이 좋습니다.

CPTED IDEA
범죄예방디자인 워크샵

CPTED IDEA
범죄예방디자인 워크샵

B-04 접근통제

## 무인택배함, 양방향 우편함 설치하기

택배원을 가장하거나 물품 전달을 핑계로 침입하는 범죄를 예방하기 위해서는 주택가 공용공간이나 건물 1층 출입구 주변, 건물 하부 주차공간에 무인택배함, 양방향 우편함을 설치합니다.

CPTED IDEA
범죄예방디자인 워크샵

점선을 따라 잘라서 카드로 사용하세요

CPTED IDEA
범죄예방디자인 워크샵

C-01 영역성 강화

## 건물주변, 골목길을 정비하고 아름답게 꾸미기

오래된 건물이나 지저분한 골목길 관리를 위해서 담장과 벽면, 출입문은 주변과 어울리는 색상이나 장식물로 정비하고 화단을 설치하면 주민들의 책임의식과 안심감이 확산될 수 있습니다.

CPTED IDEA
범죄예방디자인 워크샵

CPTED IDEA
범죄예방디자인 워크샵

C-02 영역성 강화

## 안전정보, 지역소식을 전달하는 게시판 설치하기

동네로 진입하는 골목길 시작점이나 인적이 드문 외진 공간에 안전 정보(CCTV, 비상벨, 파출소 위치 등)와 지역 소식을 알려주는 게시판을 설치하면 위험상황 대응능력이 높아집니다.

CPTED IDEA
범죄예방디자인 워크샵

점선을 따라 잘라서 카드로 사용하세요

CPTED IDEA
범죄예방디자인 워크샵

C-03 영역성 강화

## 위치정보를 안내하는 시설물을 알기쉽게 설치하기

건물이나 골목길 위치 등을 쉽게 확인할 수 있는 번호나 안내 표지판을 설치하면 긴급 상황시 신고가 편리하고, 안전한 분위기를 만드는데 도움이 됩니다.

CPTED IDEA
범죄예방디자인 워크샵

CPTED IDEA
범죄예방디자인 워크샵

C-04 영역성 강화

## 방범시설을 쉽게 인식하고 사용할 수 있게 설치하기

방범용 CCTV나 비상벨이 어디에 있는지 쉽게 확인하고 사용할 수 있도록 디자인 (밝은색상 도색 등)을 하면 범죄자의 행동이 위축되고 주민들은 쉽게 도움을 요청할 수 있습니다.

CPTED IDEA
범죄예방디자인 워크샵

점선을 따라 잘라서 카드로 사용하세요

CPTED IDEA
범죄예방디자인 워크샵

D-01 활용성 강화

## 주민이 자주 이용하는 공간 및 시설 설치하기

주민들이 모여서 이야기도 나누고 쉴 수 있는 휴게시설, 벤치, 간이 운동시설, 마을 카페, 텃밭 등을 설치하면 공간을 이용 하면서 자연스럽게 주변도 감시할 수 있습니다.
방치된 유휴공간을 주민공간으로 개선하면 효과가 더 높아질 수 있습니다.

CPTED IDEA
범죄예방디자인 워크샵

CPTED IDEA
범죄예방디자인 워크샵

D-02 활용성 강화

## 긴급상황에서 이용 가능한 공간 만들기

주민들이 자주 이용하는 편의점이나 슈퍼마켓 등을 안심상점으로 지정하면 긴급 상황시 도움을 받을 수 있습니다.
일반주택 중에서도 안심주택을 지정하거나, 공중전화부스를 안심공간(CCTV, 비상벨이 설치된 공간)으로 개선하면 효과를 볼 수 있습니다.

CPTED IDEA
범죄예방디자인 워크샵

매뉴얼 구성과 활용
범죄 예방 디자인
커뮤니티 맵핑 워크숍
디자인 게임 워크숍
부록

점선을 따라 잘라서 카드로 사용하세요

CPTED IDEA
범죄예방디자인 워크샵

D-03 활용성 강화

## 주차공간 확보, 주정차 금지구역 지정, 일방통행로 만들기

골목길에 무질서하게 주차된 차량은 주변 감시를 어렵게하고 범죄자가 숨을 수 있는 공간이나 건물로 진입하는 기회를 제공할 수 있기 때문에 주차공간 확보, 주정차 금지구역 지정, 또는 일방통행 구역을 지정하면 보행자가 안전해 질 수 있습니다.

CPTED IDEA
범죄예방디자인 워크샵

CPTED IDEA
범죄예방디자인 워크샵

E-01 유지관리+주민활동

## 쓰레기 분리수거 및 보관장소 만들기

쓰레기가 무질서하게 버려지거나 낙서로 지저분해진 환경은 지역 이미지를 부정적으로 만들고 각종 일탈행위가 발생할 수 있기 때문에 쓰레기 관리나 분리수거를 위한 시설물을 설치합니다.

CPTED IDEA
범죄예방디자인 워크샵

점선을 따라 잘라서 카드로 사용하세요

CPTED IDEA
범죄예방디자인 워크샵

E-02 유지관리+주민활동

## 주민과 정기적으로 청소하고 시설물 관리하기

이웃과 친목을 도모하고 골목길을 깨끗하게 관리하기 위해 청소나 시설물을 정기적으로 정비하면 지역이 안전해질 수 있습니다.
지저분한 낙서를 지우거나 방치된 시설물을 정리하는 것도 포함됩니다.

CPTED IDEA
범죄예방디자인 워크샵

CPTED IDEA
범죄예방디자인 워크샵

E-03 유지관리+주민활동

## 자율방범대, 안심귀가 스카우트 활동하기

범죄예방을 위해서 중요한 것은 취약한 환경개선과 함께 주민들의 적극적인 안전 활동입니다.
부족한 치안인력을 대체하는 수단의 하나로 다양한 주민들로 구성된 자율방범대나 안심귀가 스카우트는 1인 가구가 많은 지역에서 도움이 될 수 있습니다.

CPTED IDEA
범죄예방디자인 워크샵

**늦은 밤길 걱정 끝!**
여성안심귀가 스카우트가
책임집니다.

점선을 따라 잘라서 카드로 사용하세요

CPTED IDEA
범죄예방디자인
워크샵

E-04 유지관리+주민활동

# 주민교육, 마을축제 등 이웃과 친해지며 알아가는 활동하기

주민 안전활동 활성화를 위해서는 이웃과 자주 소통하고 모이는 기회가 필요합니다.
범죄예방디자인을 포함한 안전관련 교육, 주민특성을 고려한 교양교육, 마을 축제 등을 개최하면 지역에 대한 관심을 높이고 이웃관계를 개선하는데 도움이 됩니다.

CPTED IDEA
범죄예방디자인
워크샵

CPTED IDEA
범죄예방디자인
워크샵

만능카드

자연감시 명료성강화 | 접근통제 활용성강화 | 영역성강화 유지관리

CPTED IDEA
범죄예방디자인
워크샵

만능카드

자연감시 명료성강화 | 접근통제 활용성강화 | 영역성강화 유지관리

점선을 따라 잘라서 카드로 사용하세요

CPTED IDEA
범죄예방디자인 워크샵

만능카드

자연감시 명료성강화

접근통제 활용성강화

영역성강화 유지관리

CPTED IDEA
범죄예방디자인 워크샵

만능카드

자연감시 명료성강화

접근통제 활용성강화

영역성강화 유지관리

CPTED IDEA
범죄예방디자인 워크샵

만능카드

자연감시 명료성강화

접근통제 활용성강화

영역성강화 유지관리

CPTED IDEA
범죄예방디자인 워크샵

만능카드

자연감시 명료성강화

접근통제 활용성강화

영역성강화 유지관리

점선을 따라 잘라서 키드로 사용하세요

CPTED IDEA
범죄예방디자인 워크샵

A-01 자연감시

## 주변과 시선연결을 방해하거나 사람이 숨을 수 있는 환경 개선

좁고 복잡한 골목길이나 건물 1층 주차장은 주변이 잘 안보이고 으슥한 공간도 많기 때문에 담장을 허물거나 투명한 재료로 교체하면 동네도 밝아지고 범죄자가 숨을 수 있는 공간도 없어집니다.
주변과의 시선연결을 방해하는 조경(나무)을 정비하는 것도 중요한 요소가 됩니다.

CPTED IDEA
범죄예방디자인 워크샵

CPTED IDEA
범죄예방디자인 워크샵

A-02 자연감시

## 야간 안전을 위한 조명시설 설치하기

야간에 조명이 없거나 어두운 곳은 불안하고 범죄가 발생할 수 있기 때문에 가로등이나 보안등을 설치합니다.
일반조명 설치가 어려운 경우 바닥에서 위로 빛이 나오는 조명이나 벽면 부착형 조명을 설치하면 길 안내, 반지하층 창문을 여는 행위 예방에 도움이 될 수 있습니다.

CPTED IDEA
범죄예방디자인 워크샵

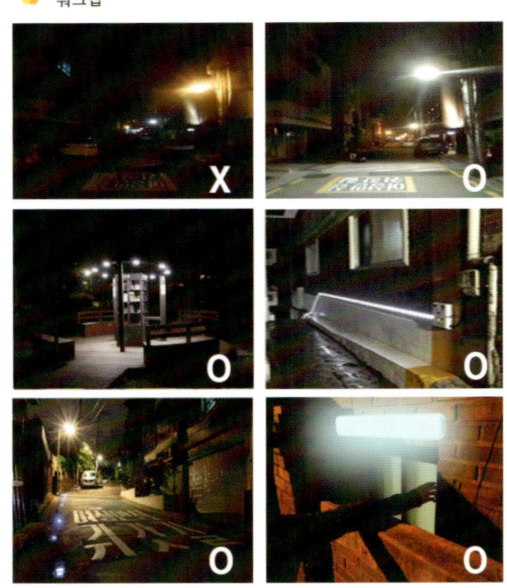

점선을 따라 잘라서 카드로 사용하세요

CPTED IDEA
범죄예방디자인 워크샵

A-03 자연감시

## 범죄에 취약한 공간을 쉽게 확인할 수 있는 안전시설 설치하기

구부러진 골목길이나 사람이 잘 다니지 않는 곳에 반대편 상황을 확인할 수 있는 거울을 설치하면 안전해질 수 있습니다.
늦은 밤 다세대, 다가구 주택 1층 출입문에 미러시트(반사유리 등)를 붙이면 문을 여는 동안 뒤에 따라 오는 사람이나 주변 상황을 쉽게 확인할 수 있습니다.

CPTED IDEA
범죄예방디자인 워크샵

CPTED IDEA
범죄예방디자인 워크샵

A-04 자연감시

## 놀이터, 휴게 및 운동 공간을 주변에서 잘 보이는 곳에 배치하기

놀이터, 휴게 및 운동공간이 외진 곳이나 주민들이 잘 다니지 않는 곳에 있으면 위험해질 수 있기 때문에 자주 이용할 수 있는 곳이나 주변에서 잘 보이는 곳에 배치하면 안전합니다.

CPTED IDEA
범죄예방디자인 워크샵

점선을 따라 잘라서 카드로 사용하세요

CPTED IDEA
범죄예방디자인
워크샵

A-05 자연감시

## 안과 밖, 주변에서 잘 보이는 구조로 공간 만들기

건물 1층 출입구 내부와 외부가 잘 보이는 구조로 단순하게 계획하거나 유리문을 설치하고, 지하공간 벽면도 잘 보이는 구조 또는 사람이 숨을 수 없는 구조로 계획하면 안전해집니다.

CPTED IDEA
범죄예방디자인
워크샵

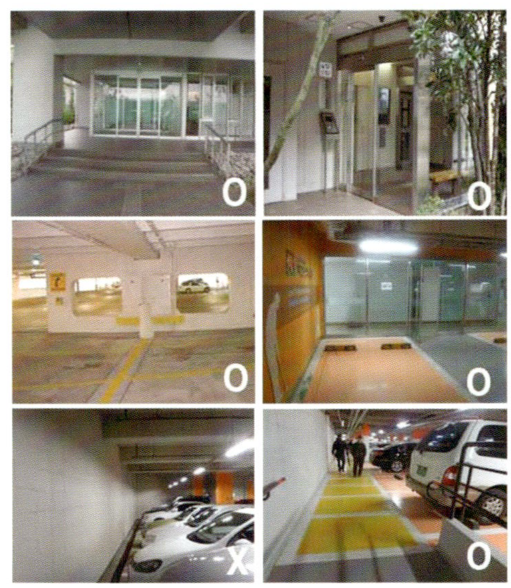


CPTED IDEA
범죄예방디자인
워크샵

B-02 접근통제

## 건물 사이, 외진공간, 공폐가에 출입통제 시설물 설치하기

건물사이 좁은공간, 공폐가, 빈집, 주민 이용이 적고 외진 공간은 낮에도 불안감을 조성하거나 범죄가 발생할 수 있기 때문에 사람이 들어갈 수 없는 시설물 (가림막, 투시형 출입문 등)을 설치합니다.

CPTED IDEA
범죄예방디자인
워크샵

점선을 따라 잘라서 카드로 사용하세요

CPTED IDEA
범죄예방디자인 워크샵

B-03 접근통제

## 방범용 CCTV, 비상벨 설치하기

동네 진출입 영역, 골목길 교차점, 막다른 골목이나 인적이 드문 공간을 중심으로 CCTV를 설치합니다.
범죄예방 효과를 높이기 위해서는 CCTV가 잘 보일 수 있도록 디자인하고 비상벨을 함께 설치하는 것이 좋습니다.

CPTED IDEA
범죄예방디자인 워크샵

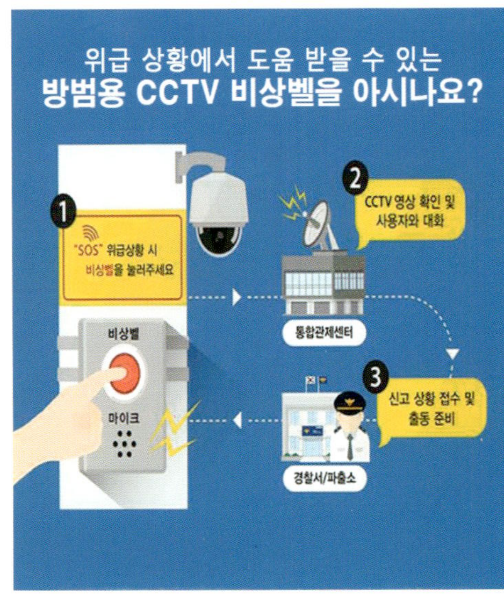


CPTED IDEA
범죄예방디자인 워크샵

B-04 접근통제

## 무인택배함, 양방향 우편함 설치하기

택배원을 가장하거나 물품 전달을 핑계로 침입하는 범죄를 예방하기 위해서는 주택가 공용공간이나 건물 1층 출입구 주변, 건물 하부 주차공간에 무인택배함, 양방향 우편함을 설치합니다.

CPTED IDEA
범죄예방디자인 워크샵

점선을 따라 잘라서 카드로 사용하세요

CPTED IDEA
범죄예방디자인 워크샵

C-01 영역성 강화

## 건물주변, 골목길을 정비하고 아름답게 꾸미기

오래된 건물이나 지저분한 골목길 관리를 위해서 담장과 벽면, 출입문은 주변과 어울리는 색상이나 장식물로 정비하고 화단을 설치하면 주민들의 책임의식과 안심감이 확산될 수 있습니다.

CPTED IDEA
범죄예방디자인 워크샵

CPTED IDEA
범죄예방디자인 워크샵

C-02 영역성 강화

## 안전정보, 지역소식을 전달하는 게시판 설치하기

동네로 진입하는 골목길 시작점이나 인적이 드문 외진 공간에 안전 정보(CCTV, 비상벨, 파출소 위치 등)와 지역 소식을 알려주는 게시판을 설치하면 위험상황 대응능력이 높아집니다.

CPTED IDEA
범죄예방디자인 워크샵

점선을 따라 잘라서 카드로 사용하세요

CPTED IDEA
범죄예방디자인
워크샵

C-03 영역성 강화

## 위치정보를 안내하는 시설물을 알기쉽게 설치하기

건물이나 골목길 위치 등을 쉽게 확인할 수 있는 번호나 안내 표지판을 설치하면 긴급 상황시 신고가 편리하고, 안전한 분위기를 만드는데 도움이 됩니다.

CPTED IDEA
범죄예방디자인
워크샵

CPTED IDEA
범죄예방디자인
워크샵

C-04 영역성 강화

## 방범시설을 쉽게 인식하고 사용할 수 있게 설치하기

방범용 CCTV나 비상벨이 어디에 있는지 쉽게 확인하고 사용할 수 있도록 디자인 (밝은색상 도색 등)을 하면 범죄자의 행동이 위축되고 주민들은 쉽게 도움을 요청할 수 있습니다.

CPTED IDEA
범죄예방디자인
워크샵

점선을 따라 잘라서 카드로 사용하세요

CPTED IDEA
범죄예방디자인
워크샵

D-01 활용성 강화

## 주민이 자주 이용하는 공간 및 시설 설치하기

주민들이 모여서 이야기도 나누고 쉴 수 있는 휴게시설, 벤치, 간이 운동시설, 마을 카페, 텃밭 등을 설치하면 공간을 이용 하면서 자연스럽게 주변도 감시할 수 있습니다.
방치된 유휴공간을 주민공간으로 개선하면 효과가 더 높아질 수 있습니다.

CPTED IDEA
범죄예방디자인
워크샵

CPTED IDEA
범죄예방디자인
워크샵

D-02 활용성 강화

## 긴급상황에서 이용 가능한 공간 만들기

주민들이 자주 이용하는 편의점이나 슈퍼마켓 등을 안심상점으로 지정하면 긴급 상황시 도움을 받을 수 있습니다.
일반주택 중에서도 안심주택을 지정하거나, 공중전화부스를 안심공간(CCTV, 비상벨이 설치된 공간)으로 개선하면 효과를 볼 수 있습니다.

CPTED IDEA
범죄예방디자인
워크샵

점선을 따라 잘라서 카드로 사용하세요

CPTED IDEA
범죄예방디자인
워크샵

D-03 활용성 강화

## 주차공간 확보, 주정차 금지구역 지정, 일방통행로 만들기

골목길에 무질서하게 주차된 차량은 주변 감시를 어렵게하고 범죄자가 숨을 수 있는 공간이나 건물로 진입하는 기회를 제공할 수 있기 때문에 주차공간 확보, 주정차 금지구역 지정, 또는 일방통행 구역을 지정하면 보행자가 안전해 질 수 있습니다.

CPTED IDEA
범죄예방디자인
워크샵

CPTED IDEA
범죄예방디자인
워크샵

E-01 유지관리+주민활동

## 쓰레기 분리수거 및 보관장소 만들기

쓰레기가 무질서하게 버려지거나 낙서로 지저분해진 환경은 지역 이미지를 부정적으로 만들고 각종 일탈행위가 발생할 수 있기 때문에 쓰레기 관리나 분리수거를 위한 시설물을 설치합니다.

CPTED IDEA
범죄예방디자인
워크샵

점선을 따라 잘라서 카드로 사용하세요

CPTED IDEA
범죄예방디자인 워크샵

E-02 유지관리+주민활동

# 주민과 정기적으로 청소하고 시설물 관리하기

이웃과 친목을 도모하고 골목길을 깨끗하게 관리하기 위해 청소나 시설물을 정기적으로 정비하면 지역이 안전해질 수 있습니다. 지저분한 낙서를 지우거나 방치된 시설물을 정리하는 것도 포함됩니다.

CPTED IDEA
범죄예방디자인 워크샵

CPTED IDEA
범죄예방디자인 워크샵

E-03 유지관리+주민활동

# 자율방범대, 안심귀가 스카우트 활동하기

범죄예방을 위해서 중요한 것은 취약한 환경개선과 함께 주민들의 적극적인 안전 활동입니다.
부족한 치안인력을 대체하는 수단의 하나로 다양한 주민들로 구성된 자율방범대나 안심귀가 스카우트는 1인 가구가 많은 지역에서 도움이 될 수 있습니다.

CPTED IDEA
범죄예방디자인 워크샵

**늦은 밤길 걱정 끝!**
여성안심귀가 스카우트가 책임집니다.

점선을 따라 잘라서 카드로 사용하세요

CPTED IDEA
범죄예방디자인 워크샵

E-04 유지관리+주민활동

## 주민교육, 마을축제 등 이웃과 친해지며 알아가는 활동하기

주민 안전활동 활성화를 위해서는 이웃과 자주 소통하고 모이는 기회가 필요합니다.
범죄예방디자인을 포함한 안전관련 교육, 주민특성을 고려한 교양교육, 마을 축제 등을 개최하면 지역에 대한 관심을 높이고 이웃관계를 개선하는데 도움이 됩니다.

CPTED IDEA
범죄예방디자인 워크샵

CPTED IDEA
범죄예방디자인 워크샵

만능카드

자연감시 명료성강화 | 접근통제 활용성강화 | 영역성강화 유지관리

CPTED IDEA
범죄예방디자인 워크샵

만능카드

자연감시 명료성강화 | 접근통제 활용성강화 | 영역성강화 유지관리

점선을 따라 잘라서 카드로 사용하세요

CPTED IDEA 범죄예방디자인 워크샵

만능카드

자연감시 명료성강화
접근통제 활용성강화
영역성강화 유지관리

CPTED IDEA 범죄예방디자인 워크샵

만능카드

자연감시 명료성강화
접근통제 활용성강화
영역성강화 유지관리

CPTED IDEA 범죄예방디자인 워크샵

만능카드

자연감시 명료성강화
접근통제 활용성강화
영역성강화 유지관리

CPTED IDEA 범죄예방디자인 워크샵

만능카드

자연감시 명료성강화
접근통제 활용성강화
영역성강화 유지관리

점선을 따라 잘라서 카드로 사용하세요

CPTED IDEA
범죄예방디자인 워크샵

A-01 자연감시

## 주변과 시선연결을 방해하거나 사람이 숨을 수 있는 환경 개선

좁고 복잡한 골목길이나 건물 1층 주차장은 주변이 잘 안보이고 으슥한 공간도 많기 때문에 담장을 허물거나 투명한 재료로 교체하면 동네도 밝아지고 범죄자가 숨을 수 있는 공간도 없어집니다.
주변과의 시선연결을 방해하는 조경(나무)을 정비하는 것도 중요한 요소가 됩니다.

CPTED IDEA
범죄예방디자인 워크샵

CPTED IDEA
범죄예방디자인 워크샵

A-02 자연감시

## 야간 안전을 위한 조명시설 설치하기

야간에 조명이 없거나 어두운 곳은 불안하고 범죄가 발생할 수 있기 때문에 가로등이나 보안등을 설치합니다.
일반조명 설치가 어려운 경우 바닥에서 위로 빛이 나오는 조명이나 벽면 부착형 조명을 설치하면 길 안내, 반지하층 창문을 여는 행위 예방에 도움이 될 수 있습니다.

CPTED IDEA
범죄예방디자인 워크샵

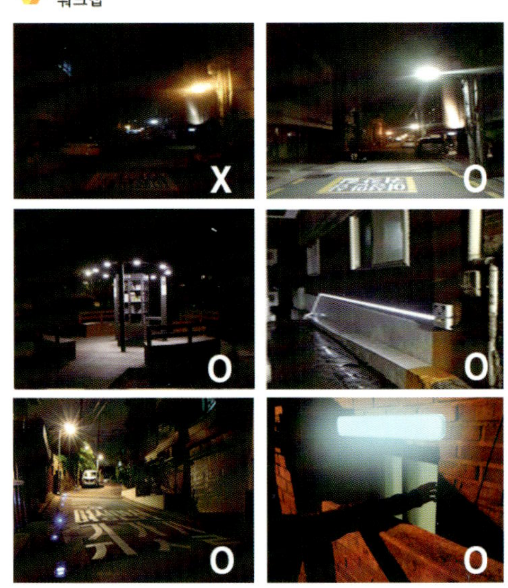

점선을 따라 잘라서 카드로 사용하세요

CPTED IDEA
범죄예방디자인
워크샵

A-03 자연감시

## 범죄에 취약한 공간을 쉽게 확인할 수 있는 안전시설 설치하기

구부러진 골목길이나 사람이 잘 다니지 않는 곳에 반대편 상황을 확인할 수 있는 거울을 설치하면 안전해질 수 있습니다.
늦은 밤 다세대, 다가구 주택 1층 출입문에 미러시트(반사유리 등)를 붙이면 문을 여는 동안 뒤에 따라 오는 사람이나 주변 상황을 쉽게 확인할 수 있습니다.

CPTED IDEA
범죄예방디자인
워크샵

CPTED IDEA
범죄예방디자인
워크샵

A-04 자연감시

## 놀이터, 휴게 및 운동 공간을 주변에서 잘 보이는 곳에 배치하기

놀이터, 휴게 및 운동공간이 외진 곳이나 주민들이 잘 다니지 않는 곳에 있으면 위험해질 수 있기 때문에 자주 이용할 수 있는 곳이나 주변에서 잘 보이는 곳에 배치하면 안전합니다.

CPTED IDEA
범죄예방디자인
워크샵

점선을 따라 잘라서 카드로 사용하세요

CPTED IDEA
범죄예방디자인 워크샵

A-05 자연감시

## 안과 밖, 주변에서 잘 보이는 구조로 공간 만들기

건물 1층 출입구 내부와 외부가 잘 보이는 구조로 단순하게 계획하거나 유리문을 설치하고, 지하공간 벽면도 잘 보이는 구조 또는 사람이 숨을 수 없는 구조로 계획하면 안전해집니다.

CPTED IDEA
범죄예방디자인 워크샵

CPTED IDEA
범죄예방디자인 워크샵

B-02 접근통제

## 건물 사이, 외진공간, 공폐가에 출입통제 시설물 설치하기

건물사이 좁은공간, 공폐가, 빈집, 주민 이용이 적고 외진 공간은 낮에도 불안감을 조성하거나 범죄가 발생할 수 있기 때문에 사람이 들어갈 수 없는 시설물 (가림막, 투시형 출입문 등)을 설치합니다.

CPTED IDEA
범죄예방디자인 워크샵

점선을 따라 잘라서 카드로 사용하세요

CPTED IDEA
범죄예방디자인 워크샵

B-03 접근통제

## 방범용 CCTV, 비상벨 설치하기

동네 진출입 영역, 골목길 교차점, 막다른 골목이나 인적이 드문 공간을 중심으로 CCTV를 설치합니다.
범죄예방 효과를 높이기 위해서는 CCTV가 잘 보일 수 있도록 디자인하고 비상벨을 함께 설치하는 것이 좋습니다.

CPTED IDEA
범죄예방디자인 워크샵

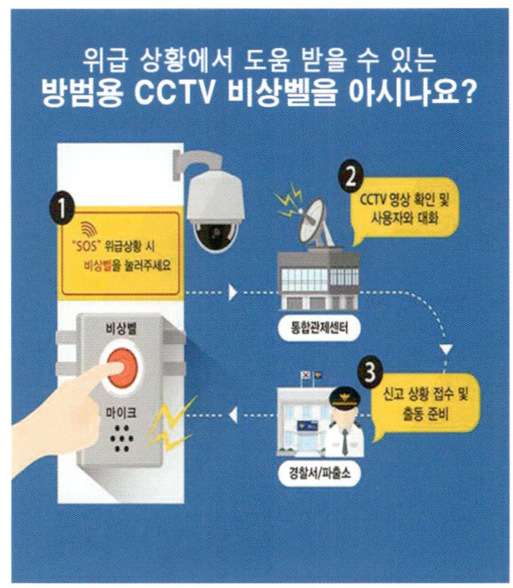


CPTED IDEA
범죄예방디자인 워크샵

B-04 접근통제

## 무인택배함, 양방향 우편함 설치하기

택배원을 가장하거나 물품 전달을 핑계로 침입하는 범죄를 예방하기 위해서는 주택가 공용공간이나 건물 1층 출입구 주변, 건물 하부 주차공간에 무인택배함, 양방향 우편함을 설치합니다.

CPTED IDEA
범죄예방디자인 워크샵

점선을 따라 잘라서 카드로 사용하세요

CPTED IDEA
범죄예방디자인 워크샵

C-01 영역성 강화

## 건물주변, 골목길을 정비하고 아름답게 꾸미기

오래된 건물이나 지저분한 골목길 관리를 위해서 담장과 벽면, 출입문은 주변과 어울리는 색상이나 장식물로 정비하고 화단을 설치하면 주민들의 책임의식과 안심감이 확산될 수 있습니다.

CPTED IDEA
범죄예방디자인 워크샵

CPTED IDEA
범죄예방디자인 워크샵

C-02 영역성 강화

## 안전정보, 지역소식을 전달하는 게시판 설치하기

동네로 진입하는 골목길 시작점이나 인적이 드문 외진 공간에 안전 정보(CCTV, 비상벨, 파출소 위치 등)와 지역 소식을 알려주는 게시판을 설치하면 위험상황 대응능력이 높아집니다.

CPTED IDEA
범죄예방디자인 워크샵

점선을 따라 잘라서 카드로 사용하세요

CPTED IDEA
범죄예방디자인 워크샵

C-03 영역성 강화

## 위치정보를 안내하는 시설물을 알기쉽게 설치하기

건물이나 골목길 위치 등을 쉽게 확인할 수 있는 번호나 안내 표지판을 설치하면 긴급 상황시 신고가 편리하고, 안전한 분위기를 만드는데 도움이 됩니다.

CPTED IDEA
범죄예방디자인 워크샵

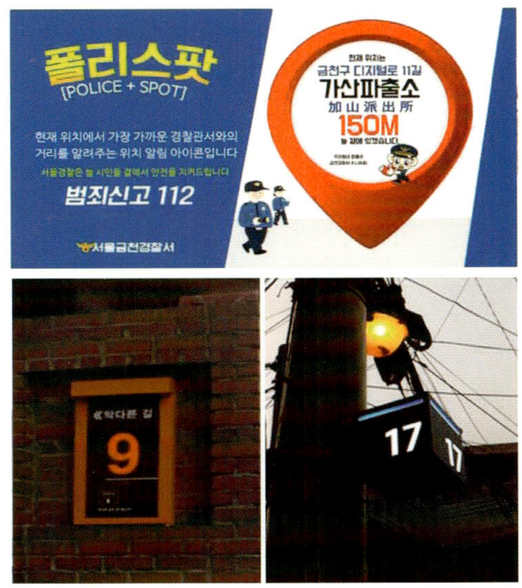


CPTED IDEA
범죄예방디자인 워크샵

C-04 영역성 강화

## 방범시설을 쉽게 인식하고 사용할 수 있게 설치하기

방범용 CCTV나 비상벨이 어디에 있는지 쉽게 확인하고 사용할 수 있도록 디자인 (밝은색상 도색 등)을 하면 범죄자의 행동이 위축되고 주민들은 쉽게 도움을 요청할 수 있습니다.

CPTED IDEA
범죄예방디자인 워크샵

점선을 따라 잘라서 카드로 사용하세요

CPTED IDEA
범죄예방디자인 워크샵

D-01 활용성 강화

## 주민이 자주 이용하는 공간 및 시설 설치하기

주민들이 모여서 이야기도 나누고 쉴 수 있는 휴게시설, 벤치, 간이 운동시설, 마을 카페, 텃밭 등을 설치하면 공간을 이용 하면서 자연스럽게 주변도 감시할 수 있습니다.
방치된 유휴공간을 주민공간으로 개선하면 효과가 더 높아질 수 있습니다.

CPTED IDEA
범죄예방디자인 워크샵

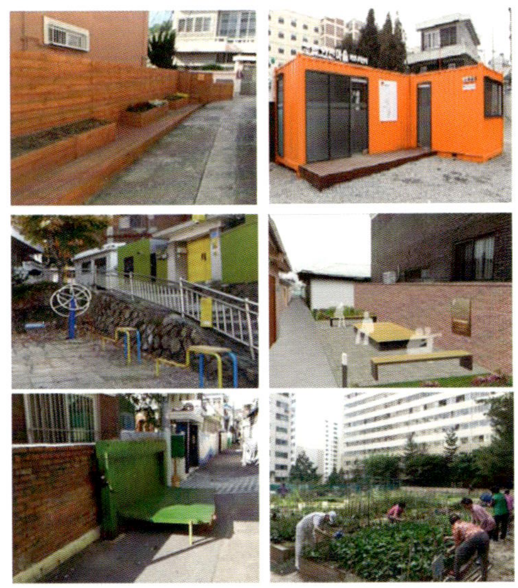

CPTED IDEA
범죄예방디자인 워크샵

D-02 활용성 강화

## 긴급상황에서 이용 가능한 공간 만들기

주민들이 자주 이용하는 편의점이나 슈퍼마켓 등을 안심상점으로 지정하면 긴급 상황시 도움을 받을 수 있습니다.
일반주택 중에서도 안심주택을 지정하거나, 공중전화부스를 안심공간(CCTV, 비상벨이 설치된 공간)으로 개선하면 효과를 볼 수 있습니다.

CPTED IDEA
범죄예방디자인 워크샵

점선을 따라 잘라서 카드로 사용하세요

CPTED IDEA
범죄예방디자인 워크샵

D-03 활용성 강화

## 주차공간 확보, 주정차 금지구역 지정, 일방통행로 만들기

골목길에 무질서하게 주차된 차량은 주변 감시를 어렵게하고 범죄자가 숨을 수 있는 공간이나 건물로 진입하는 기회를 제공할 수 있기 때문에 주차공간 확보, 주정차 금지구역 지정, 또는 일방통행 구역을 지정하면 보행자가 안전해 질 수 있습니다.

CPTED IDEA
범죄예방디자인 워크샵

CPTED IDEA
범죄예방디자인 워크샵

E-01 유지관리+주민활동

## 쓰레기 분리수거 및 보관장소 만들기

쓰레기가 무질서하게 버려지거나 낙서로 지저분해진 환경은 지역 이미지를 부정적으로 만들고 각종 일탈행위가 발생할 수 있기 때문에 쓰레기 관리나 분리수거를 위한 시설물을 설치합니다.

CPTED IDEA
범죄예방디자인 워크샵

점선을 따라 잘라서 카드로 사용하세요

CPTED IDEA
범죄예방디자인 워크샵

E-02 유지관리+주민활동

## 주민과 정기적으로 청소하고 시설물 관리하기

이웃과 친목을 도모하고 골목길을 깨끗하게 관리하기 위해 청소나 시설물을 정기적으로 정비하면 지역이 안전해질 수 있습니다. 지저분한 낙서를 지우거나 방치된 시설물을 정리하는 것도 포함됩니다.

CPTED IDEA
범죄예방디자인 워크샵

CPTED IDEA
범죄예방디자인 워크샵

E-03 유지관리+주민활동

## 자율방범대, 안심귀가 스카우트 활동하기

범죄예방을 위해서 중요한 것은 취약한 환경개선과 함께 주민들의 적극적인 안전 활동입니다.
부족한 치안인력을 대체하는 수단의 하나로 다양한 주민들로 구성된 자율방범대나 안심귀가 스카우트는 1인 가구가 많은 지역에서 도움이 될 수 있습니다.

CPTED IDEA
범죄예방디자인 워크샵

**늦은 밤길 걱정 끝!**
여성안심귀가 스카우트가 책임집니다.

점선을 따라 잘라서 카드로 사용하세요

CPTED IDEA
범죄예방디자인 워크샵

E-04 유지관리+주민활동

## 주민교육, 마을축제 등 이웃과 친해지며 알아가는 활동하기

주민 안전활동 활성화를 위해서는 이웃과 자주 소통하고 모이는 기회가 필요합니다. 범죄예방디자인을 포함한 안전관련 교육, 주민특성을 고려한 교양교육, 마을 축제 등을 개최하면 지역에 대한 관심을 높이고 이웃관계를 개선하는데 도움이 됩니다.

CPTED IDEA
범죄예방디자인 워크샵

CPTED IDEA
범죄예방디자인 워크샵

만능카드

자연감시 명료성강화 | 접근통제 활용성강화 | 영역성강화 유지관리

CPTED IDEA
범죄예방디자인 워크샵

만능카드

자연감시 명료성강화 | 접근통제 활용성강화 | 영역성강화 유지관리

점선을 따라 잘라서 카드로 사용하세요

CPTED IDEA
범죄예방디자인
워크샵

만능카드

자연감시
명료성강화

접근통제
활용성강화

영역성강화
유지관리

CPTED IDEA
범죄예방디자인
워크샵

만능카드

자연감시
명료성강화

접근통제
활용성강화

영역성강화
유지관리

CPTED IDEA
범죄예방디자인
워크샵

만능카드

자연감시
명료성강화

접근통제
활용성강화

영역성강화
유지관리

CPTED IDEA
범죄예방디자인
워크샵

만능카드

자연감시
명료성강화

접근통제
활용성강화

영역성강화
유지관리

## 주민과 함께 하는
# 범죄예방디자인 워크숍

행궁동

# 06
# 참고문헌

국내외 참고문헌

# 참고문헌 Reference


## 국내문헌

강석진・정성원, 주민참여 CPTED 워크숍 연구, 한국셉테드학회 논문집 8(2), 2017

국립경상대학교, 창조도시 거창을 위한 공공건축, 공공공간 통합기본계획, 거창군청, 2012

동작구청, 우리동네 안전지도 만들기 보고서, 동작구 도시전략사업과, 2017

마을농부・건축사사무소 서가・국립경상대학교, 수원 지동 따복 안전마을 기본구상 수립용역 보고서, 경기도 따복 공동체 지원센터, 2015

서울시청, 살기좋은 마을 만들기_주민과 함께하는 도시설계 길라잡이, 서울시 도시계획국, 2011

이경훈, 자기주도적 학습능력 신장을 위한 특성화된 목적교실 공간 활용연구, 서울시 교육청, 2008

이경훈, 아동안전지도 작성 표준 매뉴얼 개발, 여성가족부, 2011

이경훈・강석진, 사례로 이해하는 실무자를 위한 범죄예방디자인, 기문당, 2015

이락, 개봉3동 이심전심 마을 종합계획 보고서, 구로구청, 2013

오민근・이석현, 커뮤니티 플래닝 핸드북, 미세움, 2008

한국디자인진흥원・로보앤컴퍼니, 서비스디자인 워킹그룹 운영 툴 킷, 산업통상자원부, 2014

한국셉테드학회, 취약지역 범죄예방 시범사업 보고서, 고양시청, 2014

한국셉테드학회, 셉테드 교육사업 결과보고서, 법무부, 2017

## 해외문헌

Ministry for the Environment, *Urban Design Toolkit*, New Zealand, 2009

**이 경 훈**(李景勳)
kh92lee@korea.ac.kr

고려대학교 건축공학과를 졸업하고 미국 노스캐롤라이나주립대학교 건축학 석사, 위스콘신-밀워키대학교에서 건축학 박사를 취득하였으며, 현재 고려대학교 건축학과 교수로 재직중이다. 1992년 8월 'Community and Burglary in Urban Residential Block'이라는 주제로 박사학위를 취득한 이후 20여 년 간 줄곧 셉테드 연구 및 디자인 개발에 매진해 왔다. 한국셉테드학회를 창립하여 초대회장을 역임했으며, 안전행정부 '안심마을 만들기 시범사업' 자문위원, 법무부 '법질서 실천운동 시범사업' 자문위원, 서울시 범죄예방디자인위원회 위원장 등을 맡아서 각종 셉테드 관련 사업에 참여해 왔다. 주요 저서로는「건축디자인과 인간행태」,「건축설계의 이론과 실행」,「공동주택 범죄예방설계의 이론과 적용」,「셉테드의 이론과 실무 Ⅰ」,「셉테드:범죄예방설계」,「사례로 이해하는 실무자를 위한 범죄예방디자인」등이 있으며, ≪Cross-Cultural Analysis of Perceptions of Environmental Characteristics in the Target Selection Process for Residential Burglary≫ 등 총 100여 편의 국제・국내학술지에 논문을 게재하였다.

**강 석 진**(姜碩振)
cpted@gnu.ac.kr

고려대학교 건축공학과를 졸업하고 범죄예방디자인을 주제로 석사와 박사학위를 취득하였으며(지도교수 이경훈), 고려대학교 연구교수를 거쳐 현재는 국립경상대학교 건축학과 교수로 재직중이며, 한국셉테드학회 연구교육부원장을 맡고 있다. 건축도시환경에서 발생하는 범죄를 디자인 측면에서 예방하는 방안에 관심을 가지고 연구하여 도시 및 건축물 유형별 CPTED 가이드라인, 범죄위험도 평가 및 방범용 CCTV 최적화 방법 등을 개발하였으며, 최근에는 주요 지자체 범죄예방디자인 시범사업 및 기본계획 수립의 책임을 맡아서 지역단위 범죄예방디자인 정착에 기여하고 있다. 2013년부터는 한국연구재단 지원으로 연구를 수행한 결과 범죄예방디자인 연구정보센터(www.cpted.kr)를 구축하였다. 주요 저서 및 연구 논문으로「공동주택 범죄예방설계의 이론과 적용」,「셉테드의 이론과 실무 Ⅰ」,「셉테드:범죄예방설계」,「사례로 이해하는 실무자를 위한 범죄예방디자인」,「서울시 안전마을 가이드라인」, ≪외국인 밀집지역의 범죄와 치안실태연구≫, ≪서울시 지하철역사에서의 범죄예방에 관한 연구≫, ≪Application and Assessment of Crime Risk Based on Crime Prevention Through Environmental Design≫ 등이 있다.

# **주민**과 함께 하는

# 범죄예방디자인 워크숍